AF566198

Grand TRAIN TOUR of Switzerland

GRAND TRAIN TOUR OF SWITZERLAND

Roland Baumgartner

Tag für Tag erlebnisreich und erholsam

... das ist die Bahnfahrt auf der «Grand Train Tour of Switzerland». Als Geograf, Schweizkenner, Reiseleiter und seit meiner Jugend Bahnbegeisterter weiss ich immer wieder die vorbeiziehende faszinierende Landschaft zu schätzen: Beeindruckend sind die Blicke aus dem GoldenPass Wagen hinunter zum Genfersee oder wenn man sich auf dem Bahnviadukt von Brusio im Kreis dreht. An den Etappenorten folgen gleich ebenso spektakuläre Höhepunkte. Die «Grand Train Tour» verbindet die Jungfrau mit dem Matterhorn, Piz Bernina, San Salvatore, Stanserhorn, Säntis und dem Üetliberg bei Zürich.
Man braucht nicht Eisenbahntechnik affin zu sein, um sich auf allen Streckenabschnitten zu begeistern: Mit der weltweit steilsten Zahnradbahn hinauf zum Pilatus und anderntags im Schnellzugstempo – ebenfalls mit Zahnstangen – über den Brünig fahren. Die alte Gotthard-Linie erleben wir mit historischen Erläuterungen im Panoramawagen, und im Voralpen-Express gehts in 99 Meter Höhe über den Sitterviadukt, die höchste Eisenbahnbrücke der Schweiz. Unvergessliche Bahnerlebnisse!
Dreissig Jahre lang Content-Verantwortlicher und Redaktor bei Schweiz Tourismus bin ich überzeugt: «Grand Train Tour of Switzerland» ist bleibendes Erlebnis und Inhalt auf jedem Kilometer.

Dr. Roland Baumgartner
Geograf und Autor

Fragen an Andy Niederhauser: Was ist die Geschichte hinter der Grand Train Tour? Welches ist Ihr persönliches Highlight?

Touring, also das Bereisen mehrerer Destinationen, liegt seit einigen Jahren weltweit im Trend. Um diesem Trend und der Nachfrage nach einer Rundreise auf Schienen zu begegnen, hat die Schweizer Tourismusbranche 2014 die Grand Train Tour of Switzerland geschaffen. Das Bahnreiseland Schweiz ist prädestiniert für eine Grand Train Tour – die vielen bestehenden namhaften und attraktiven Panoramazüge wurden so zu einer kompakten Rundreise im Zug vereint. Das schafft Orientierung und ist ein «Best-of» im weltweiten Reise-Schaufenster.
Highlights gibt es viele. Ganz besonders freue ich mich über die grosse Bandbreite der Tour, über die Kontraste und die Abwechslung – die Züge nehmen uns mit von Seen zu Bergen, von Gletschern zu Palmen, von den grossen Städten bis zu den kleinen Dörfern. So lässt sich die ganze Vielfalt der touristischen Schweiz erleben. Und dies erst noch herrlich bequem und mit bester Aussicht.

Andreas Niederhauser
Präsident Verein Grand Train Tour of Switzerland

Fragen an Martin Nydgger: Was macht die Grand Train Tour so beliebt? Welches ist Ihr persönliches Highlight?

Andy sagt es zu Recht, die Schweiz ist die Destination für Rundreisen im Zug: unsere Sehenswürdigkeiten sind perfekt im ÖV erreichbar, wir haben sogar den weltlängsten Bahntunnel als eigene kleine Attraktion! Und durchschnittlich muss man nur gerade 344 Meter gehen und schon kommt die nächste ÖV-Haltestelle. Und: hab ich mal genug aus dem Zugfenster geschaut, halte ich an und geniesse die schier unendlichen touristischen Höhepunkte entlang der Strecken. Denn, keine Sorge, der nächste Zug hält schon bald wieder hier!

Für mich ist immer der Weg bereits das Ziel: ich bin hoffnungsloser Fan des Komforts in den Schweizer Panoramazügen und könnte ewig im Zug sitzen bleiben. Die Aussichtsfenster bis oben zum Dach, die spannenden Hintergrundinformationen, die atemberaubenden Strecken. Dann auf gewissen Linien ein kulinarisches Angebot oder ein Gepäckservice, die einem Grandhotel in nichts nachstehen.

Martin Nydegger
Geschäftsführer Schweiz Tourismus

Inhaltsverzeichnis

Am Brienzersee

Hinweise für die Reise durch die Schweiz

Die «Grand Train Tour of Switzerland» führt auf 1'280 km über die attraktivsten Bahnstrecken kreuz und quer durch die Schweiz und verbindet die schönsten Panoramazüge und Sehenswürdigkeiten des Landes – atemberaubende Aussichten inklusive. Acht Etappen bilden die Kernroute der Grand Train Tour (ab Seite 12).
«Alternative Etappen» (ab Seite 176) sind Abkürzungen oder eben «Alternativen», wenn mal die Zeit nicht reicht, um alles anzusehen, oder ganz einfach eine andere Route gewählt wird. Alle Etappen oder Teiletappen lassen sich individuell zusammenstellen, um genau die richtige Erlebnisreise zu planen.
Die Grand Train Tour kann ganzjährig befahren werden. Je nach Vorliebe entdeckt man die Tour individuell und auf eigene Faust, oder man bucht ein Package bei einem Reiseveranstalter inklusive Übernachtungen.

Aufbau des Reiseführers

In diesem Buch wird konsequent eine Fahrtrichtung beschrieben. Alle Strecken sind jedoch in der Gegenrichtung genauso attraktiv... «rechts/links» sind dann im Text zu tauschen wie auch «hinten» und «vorne». Apropos «Blick nach hinten»: Unbedingt von Zeit zu Zeit im Zug aufstehen und nach hinten oder auf die andere Seite schauen!

Wer die Grand Train Tour of Switzerland im Winter unternimmt, erlebt wunderschöne weisse Landschaften, Pulverschnee und zugefrorene Seen. Orte wie Gstaad, Zermatt oder St. Moritz präsentieren sich in magischer Winteratmosphäre. Die Inhalte (Bilder) auf den folgenden Seiten beschränken sich auf die Reise in den Sommermonaten.

Zu Beginn einer Etappe erscheint im Reiseführer jeweils die Routenkarte mit Nummern der nachfolgend beschriebenen Orte, gefolgt von einer Doppelseite mit Reisehinweisen. Entlang der Zugstrecke werden dann Sehenswürdigkeiten und Bahn-Besonderheiten aufgelistet, begleitet von entsprechenden Bildern. Am Schluss gibt es Hinweise zum Etappenort sowie eine Handvoll Ausflüge in die nähere Umgebung.

Anreise in die Schweiz

Die Schweizer Flughäfen Zürich, Basel und Genf sind alle in der Nähe der jeweiligen Stadtzentren gelegen und mit dem öffentlichen Verkehr hervorragend erschlossen. Wer mit dem Zug vom Ausland anreist, findet an vielen Orten perfekte Anbindung an die Grand Train Tour of Switzerland.

Das öffentliche Verkehrsnetz der Schweiz

Die Schweiz verfügt über das dichteste Verkehrsnetz der Welt. Dies ermöglicht es den Reisenden, alle Ecken der Schweiz bequem per Bahn, Bus und Schiff zu erreichen. Die Hauptlinien fahren in der Schweiz auf der Normalspur (1,435 Meter Breite) – auf der landschaftlich attraktiven Grand Train Tour verkehren aber über weite Distanzen zahlreiche Schmalspurbahnen auf Meterspur, die aus der Schweiz nicht wegzudenken sind. Vor allem in den bergigen Regionen der Alpen, Voralpen und des Jura wurden aus bautechnischen und Kostengründen umfangreiche Schmalspurstrecken gebaut.

Die sogenannten «Panorama-Express», im Fahrplan mit «PE» gekennzeichnet, verfügen zu einem grossen Teil über dachhohe Fenster, was insbesondere bei Fahrten in alpinen Tälern eindrückliche Blicke zu den hohen, teils schneebedeckten Bergen ermöglicht.

Von Tirano verkehrt im Sommer der rote «Bernina Express Bus» ohne Umsteigen nach Lugano, betrieben von der Rhätischen Bahn RhB. Das ganze Jahr gibt es alternativ die Postauto-Verbindung «Palm Express» von St. Moritz nach Lugano. Und vom Urner Reusstal führt die Etappe Lugano–Luzern mit dem Schiff über den Vierwaldstättersee.

Den Begriff «Postauto» verwenden wir in der Schweiz für Buslinien, die «PostAuto Schweiz» anbietet. Die gelben Busse bedienen ein Streckennetz von 18'000 Kilometern – an den Bahnhöfen und Stationen bestehen oft «schlanke Anschlüsse» zwischen Bahn und Bus.

Kehrtunnel bei Grengiols

Fahrplan

Die meisten Züge verkehren in der Schweiz seit 1982 in festen Zeitintervallen, zum Beispiel jede Stunde. Sie sind auch symmetrisch unterwegs, das heisst, stündlich verkehrende Züge begegnen ihrem Gegenstück auf der gleichen Linie immer zur vollen und zur halben Stunde, immer an der gleichen Stelle. Das nennt sich «Taktfahrplan».

Die Schweizer Transportunternehmen sind ausserordentlich pünktlich unterwegs. Um den sehr dichten, getakteten Fahrplan aber auch zu gewährleisten, dürfen Züge nicht zu spät abfahren, was anderseits bei Umsteigeverbindungen schon bei leichten Verspätungen für den Gast zum Problem werden kann... doch in Kürze fährt ja der nächste Zug!

Die im Reiseführer genannten Zeitangaben sind jeweils nicht auf die Minute genau, da sich im Fahrplan zum Jahreswechsel immer wieder kleinere Verschiebungen ergeben.

Auf allen Reisen mit dem öffentlichen Verkehr in der Schweiz ist es ratsam, stets einen Blick auf den Online-Fahrplan www.sbb.ch zu werfen oder unterwegs die App «SBB Mobile» zu benutzen. Hier werden auch allfällige Verspätungen, Ausfälle oder Umleitungen wegen Störungen sowie mögliche «alternative Verbindungen» umgehend live angezeigt.

Fahrkarten und Reservationen

Auf der gesamten Grand Train Tour verkehren Wagen in 1. und 2. Klasse (Ausnahme Gotthard Panorama Express nur 1. Klasse) und es sind die Fahrkarten (Tickets, oder in der Schweiz «Billette» genannt) des öffentlichen Verkehrs gültig. Sie können auf www.sbb.ch nachgeschaut oder gekauft werden. Für ausländische Gäste bietet sich der Kauf eines «Swiss Travel Pass» an. Beim «Switzerland Travel Centre» (Link siehe unten) gibt es Grand Train Tour Tickets sowie Pauschalen inklusive Übernachtungen.
Reservierungen sind in der Schweiz grundsätzlich weniger üblich als in anderen Ländern. Doch: Für Glacier Express, Bernina Express und Gotthard Panorama Express ist die Platzreservierung obligatorisch. Für den Luzern-Interlaken Express und die GoldenPass-Züge wird die Reservierung empfohlen. Auf einzelnen Teilstücken werden Zuschläge zur Fahrkarte erhoben (siehe entsprechende Links auf www.grandtraintour.ch).

Weiterführende Links und Informationen

www.grandtraintour.ch
Die offizielle Website der Grand Train Tour gibt mit attraktiven Bildern Einblick in alle Etappen, nennt Reisevorschläge und praktische Hinweise.
App «Grand Train Tour Switzerland»
Für mobile Geräte gibt es den Reisebegleiter kostenlos – und dies in neun verschiedenen Sprachen. Die App macht unterwegs auf die «Must-Sees» aufmerksam. Nebenbei sammelt man spielerisch Stempel und Auszeichnungen und profitiert von tollen Angeboten.
www.stc.ch/grandtraintour
Das «Switzerland Travel Centre» (STC) ist der grösste Reiseveranstalter für die «Grand Train Tour of Switzerland». Dazu bietet STC das umfassendste buchbare Angebot zum Ferienland Schweiz an.
www.railtour.ch/grandtraintour
Auch der Bahnreiseveranstalter Railtour bietet verschiedene Packages der Grand Train Tour of Switzerland an.
www.MySwitzerland.com/Regionen
Der Link führt direkt zu einer Übersicht der touristischen Regionen der Schweiz. Diese werden kurz charakterisiert und man findet in wenigen Klicks Ferien- und Ausflugsorte im gewünschten Teil der Schweiz.

MyGrandTrainTour Booklet

Mit dem Booklet können entlang der Grand Train Tour of Switzerland Stempel an neun verschiedenen Destinationen entlang der Tour gesammelt werden – ein perfektes Souvenir zum Nachhause nehmen. Das Booklet ist gratis und an den grossen Bahnhöfen der Schweiz sowie an den Stempelstellen erhältlich (siehe Seite 226/227).

Die Etappen der Grand Train Tour of Switzerland

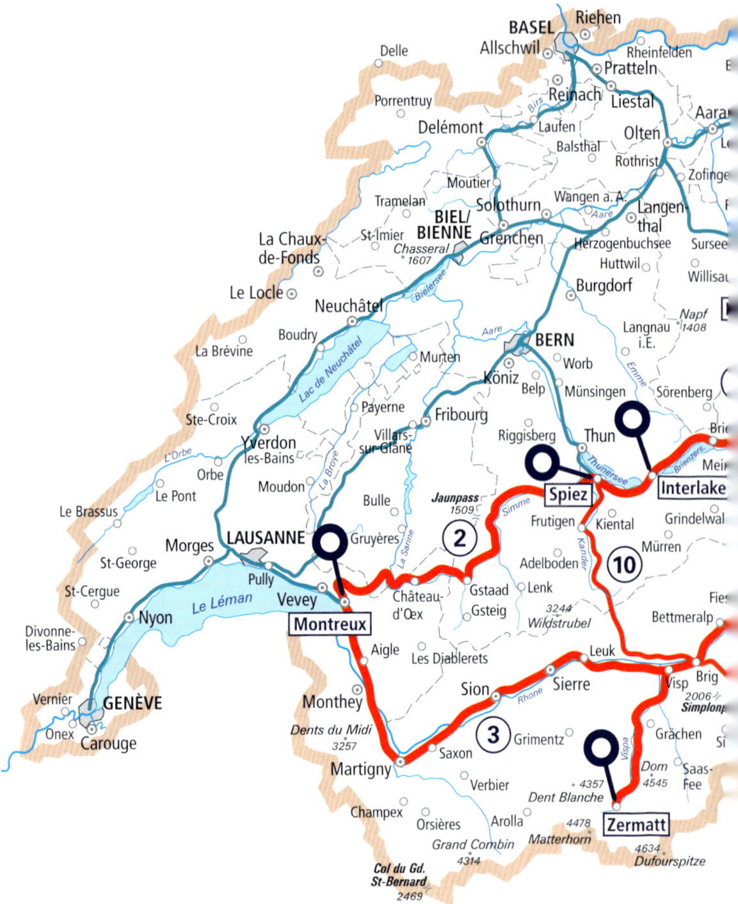

1 Zürich – Luzern – Interlak

2 Interlaken – Montreux

3 Montreux – Visp – Zerma

4 Zermatt – St. Moritz

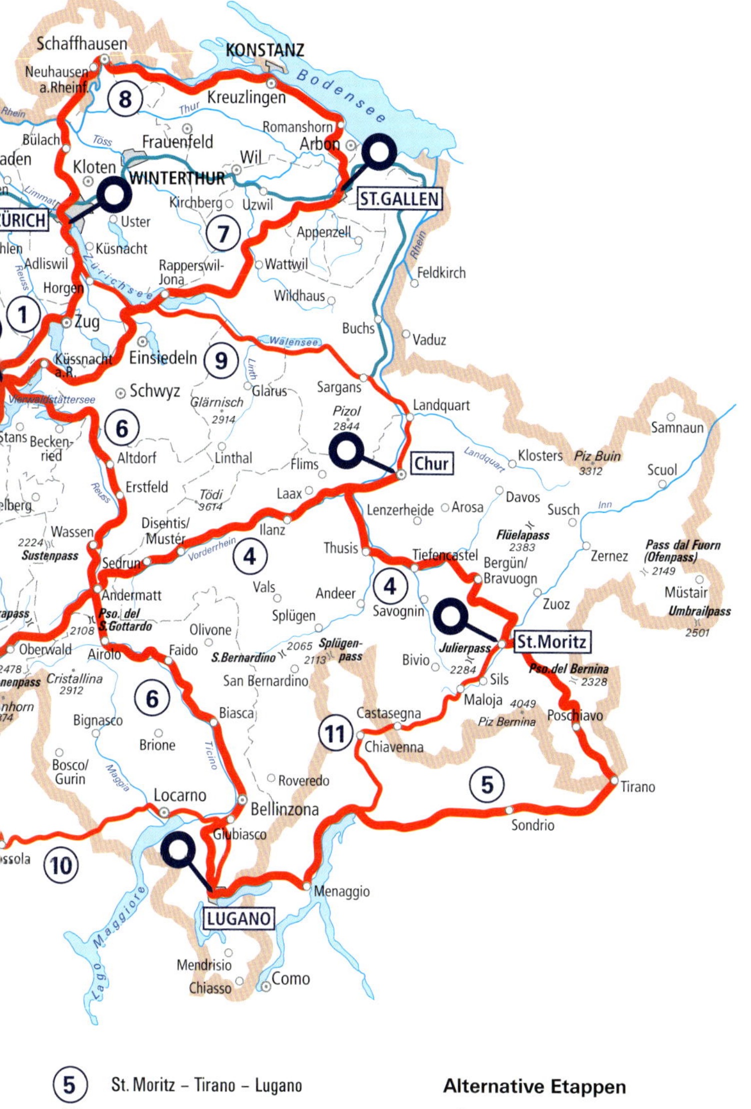

5 St. Moritz – Tirano – Lugano

6 Lugano – Luzern

7 Luzern – Rapperswil – St. Gallen

8 St. Gallen – Bodensee – Zürich

Alternative Etappen

9 Chur – Zürich

10 Thunersee – Domodossola – Tessin

11 St. Moritz – Bergell – Lugano

Lungerersee

GRAND
TRAIN TOUR
OF SWITZERLAND
Zürich – Luzern – Interlaken
Auf der Fahrt zwischen Zürich und Luzern dominieren funkelnde Seen und sanfte Hügelzüge. Die Bahn verbindet die grösste Stadt der Schweiz mit der Zentralschweiz. Es folgt die alpine Querverbindung über den Brünigpass ins Berner Oberland.

Zürich – Luzern – Interlaken

Städteverbindung und «Luzern–Interlaken Express»

In weniger als einer Stunde gelangt man vom Zürichsee zum Zugersee, zum kleinen Rotsee und weiter an den Vierwaldstättersee, nach Luzern. Sind es nach Zürich noch die Glarner Alpen, die sich blicken lassen, zeigen sich nach den beiden Tunnels bereits Rigi, Pilatus und Stanserhorn. Im Panoramazug Luzern–Interlaken Express beeindruckt die voralpine Landschaft, fünf Seen, Wasserfälle... und die Zahnrad-Strecke über den Brünigpass ins Berner Oberland.

1. Zürichsee
2. Sihlwald
3. Baar (Höllgrotten)
4. Zug (Stadt)
5. Zugersee
6. Reuss (Fluss)
7. Rotsee
8. Luzern
9. Hergiswil
10. Sarnersee
11. Glaubenberg/Glaubenbielen
12. Brünigpass
13. Aare (Fluss)
14. Meiringen
15. Brienz
16. Interlaken
17. Brienzer-/Thunersee
18. Harder Kulm
19. Beatenberg Niederhorn
20. Schynige Platte
21. Grindelwald First
22. Jungfraujoch
23. Wengen
24. Lauterbrunnental
25. Mürren Schilthorn

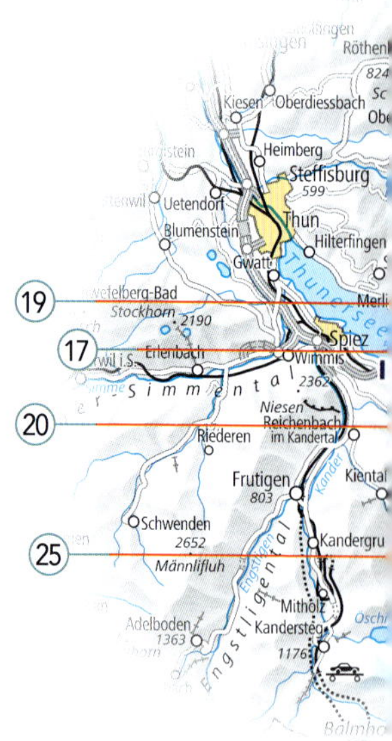

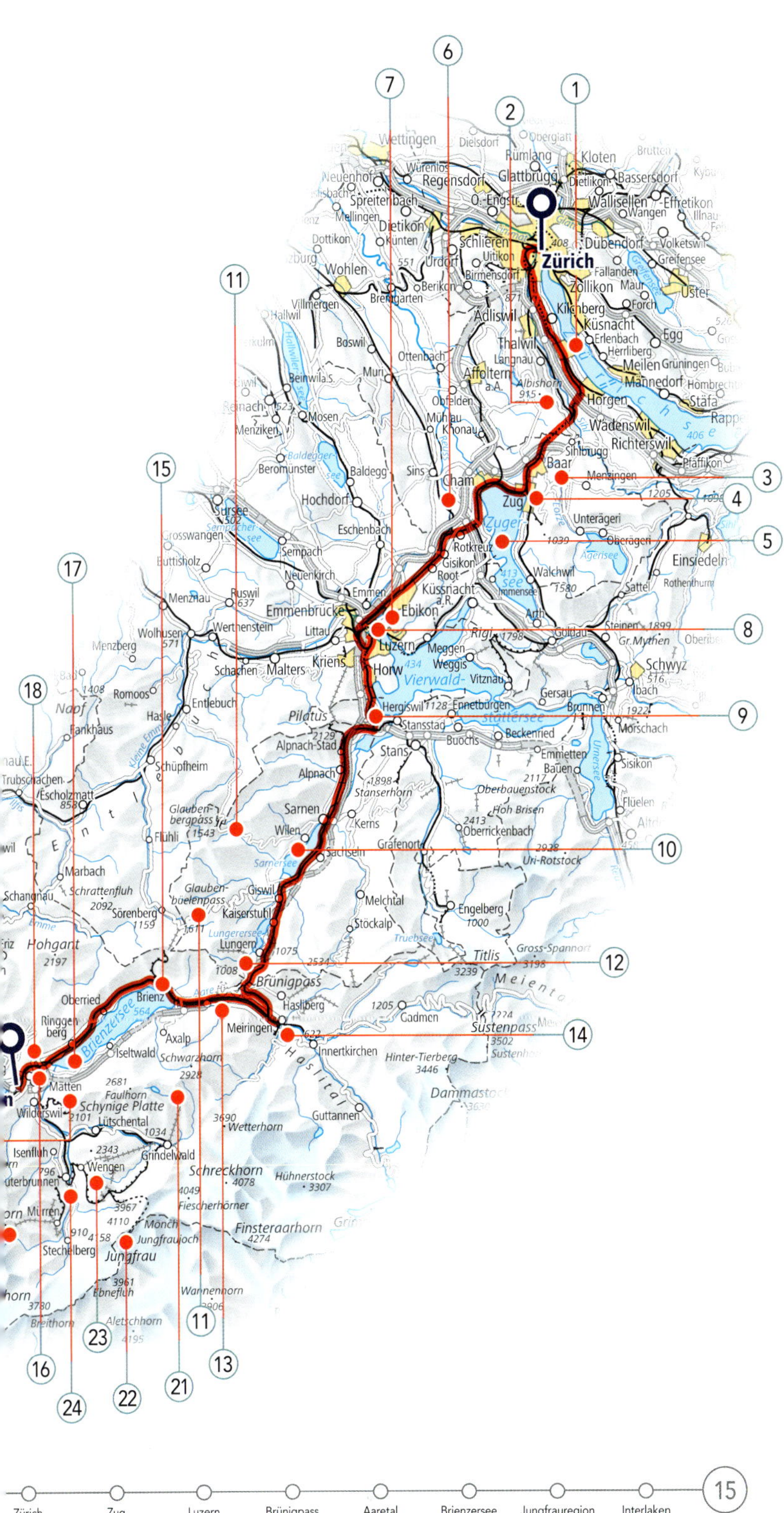
Zürich
Wettingen
Dielsdorf
Rümlang
Kloten
Glattbrugg
Bassersdorf
Regensdorf
Neuenhof
Spreitenbach
Dietlikon
Wallisellen
Effretikon
Wangen
Mellingen
Dietikon
Schlieren
Dübendorf
Volketswil
Dottikon
Künten
Uitikon
Greifensee
Wohlen
Urdorf
Birmensdorf
Fällanden
Zollikon
Uster
Berikon
Bremgarten
Villmergen
Adliswil
Kilchberg
Forch
Hallwil
Küsnacht
Egg
Boswil
Thalwil
Erlenbach
Herrliberg
Langnau
Meilen
Grüningen
Ottenbach
Affoltern a.A.
Männedorf
Hombrechtikon
Beinwil a.S.
Muri
Obfelden
Albishorn
Horgen
Stäfa
Reinach
Mosen
Mühlau
Knonau
Wädenswil
Richterswil
Rapperswil
Menziken
Sihlbrugg
Pfäffikon
Beromünster
Baldegg
Sins
Baar
Menzingen
Hochdorf
Cham
Zug
Sursee
Eschenbach
Unterägeri
Oberägeri
Grosswangen
Sempach
Rotkreuz
Ägerisee
Einsiedeln
Buttisholz
Gisikon
Root
Walchwil
Rothenthurm
Neuenkirch
Küssnacht a.R.
Sattel
Menznau
Ruswil
Emmen
Immensee
Emmenbrücke
Ebikon
Arth
Steinen
Wolhusen
Werthenstein
Littau
Rigi
Goldau
Gr. Mythen
Menzberg
Luzern
Meggen
Schwyz
Kriens
Weggis
Schachen
Malters
Horw
Vierwald-
stättersee
Vitznau
Ibach
Romoos
Gersau
Napf
Entlebuch
Hergiswil
Ennetbürgen
Brunnen
Hasle
Pilatus
Stansstad
Fankhaus
Alpnach-Stad
Buochs
Beckenried
Morschach
Stans
Emmetten
Schüpfheim
Bauen
Sisikon
Alpnach
Stanserhorn
Trubschachen
Escholzmatt
Oberbauenstock
Glaubenbergpass
Sarnen
Hoh Brisen
Flüelen
Kerns
Oberrickenbach
Flühli
Wilen
Grafenort
Sachseln
Uri-Rotstock
Marbach
Sarnersee
Schrattenfluh
Glaubenbüelenpass
Giswil
Melchtal
Schangnau
Kaiserstuhl
Engelberg
Sörenberg
Stöckalp
Lungerersee
Hohgant
Lungern
Trübsee
Gross-Spannort
Titlis
Brünigpass
Oberried
Brienz
Brienzersee
Hasliberg
Gadmen
Sustenpass
Ringgenberg
Meiringen
Innertkirchen
Axalp
Iseltwald
Schwarzhorn
Hinter-Tierberg
Matten
Faulhorn
Haslital
Dammastock
Schynige Platte
Wilderswil
Lütschental
Wetterhorn
Guttannen
Isenfluh
Grindelwald
Schreckhorn
Hühnerstock
Lauterbrunnen
Wengen
Fiescherhörner
Mürren
Mönch
Finsteraarhorn
Stechelberg
Jungfraujoch
Jungfrau
Ebnefluh
Wannenhorn
Breithorn
Aletschhorn
1
2
3
4
5
6
7
8
9
10
11
12
13
14
15
16
17
18
21
22
23
24

Brienzersee

Reiseinformationen und Tipps

Zwei ganz unterschiedliche Züge fahren auf den beiden Teilstrecken. Einerseits die Städteverbindung Zürich – Luzern und anderseits der Luzern-Interlaken Express. Zuerst Normalspur der SBB und dann die Meterspur der «Zentralbahn» mit Zahnrad-Abschnitten über den Brünigpass. Bereits schon recht alpin präsentiert sich das Haslital, Ausgangspunkt zu den Pässen Grimsel und Susten. Landschaftlich attraktiv folgt die Strecke entlang des Brienzersees mit Blicken zu den umgebenden steilen Berghängen.

Von Zürich nach Luzern und weiter bis Interlaken

Die Zweiteilung der Etappe wirkt sich auch auf die Programmgestaltung aus. Das Umsteigen in Luzern und damit der Aufenthalt in Luzern kann beliebig lange angesetzt werden, von einer Viertelstunde bis zu einem ganzen Tag mit Übernachtung. Die Reise von Zürich nach Luzern dauert 40 bis 50 Minuten. Der Luzern-Interlaken Express benötigt dann knapp zwei Stunden für seine Reise nach Interlaken Ost, zeitlich genau in der Mitte der Fahrt liegt der Brünigpass, mit 1'002 m ü.M. der höchste Punkt. Der Zug fährt das ganze Jahr, also auch im Winter durch die tiefverschneite Winterlandschaft zwischen Zentralschweiz und Berner Oberland.
Im Kopfbahnhof Luzern sind die Distanzen zum Umsteigen gering, die Zentralbahn benutzt in Abfahrtsrichtung die Gleise auf der linken Seite des Bahnhofes. Der Luzern-Interlaken Express endet in Interlaken Ost. Im gleichen Bahnhof steht der neue GoldenPass Express nach Montreux sowie die Züge in die Jungfrauregion und jene Richtung Bern.

Ausstattung im Luzern-Interlaken Express und Service

Die Interregio-Züge Zürich HB – Luzern (zwei pro Stunde) haben Plätze 1. und 2. Klasse, jedoch ohne Verpflegungsmöglichkeit.
Der Luzern-Interlaken Express fährt stündlich und verfügt über grosse Panoramafenster sowohl in 1. als auch in der 2. Klasse. Es gibt ein À-la-Carte-Restaurant «Bistro» und es werden in der 1. Klasse Getränke am Platz serviert.

Fahrscheine / Reservation

Auf dieser Strecke sind alle normalen Bahntickets gültig, es gibt keine obligatorischen Zuschläge, die kostenpflichtige Sitzplatzreservierung auf dem Luzern-Interlaken Express wird jedoch empfohlen (nicht obligatorisch).

Individuelle Gestaltung der Reise

Bei einem verlängerten Tagesaufenthalt in der Stadt Luzern stehen im Bereich von Gleis 14 (Zentralbahn) Schliessfächer für Gepäck zur Verfügung.
Im Sommer gibt es in Meiringen die Möglichkeit, mit dem Postauto über den Grimselpass ins Obergoms nach Gletsch und Oberwald zu gelangen, dort besteht dann Anschluss in Richtung Brig, Andermatt oder zum Furkapass. Auch fährt eine Postautolinie über den Sustenpass ins Urner Reusstal und mit einem Bus kann man über die grosse Scheidegg direkt nach Grindelwald gelangen.
Wer Lust und Zeit hat, verlässt in Brienz den Luzern-Interlaken Express und steigt am Bahnhof auf das Schiff nach Interlaken Ost um (im Sommer fünf Kurse pro Tag).

Gut zu wissen

Wer frühzeitig in Interlaken Ost ankommt, kann gleich umsteigen auf den Zug in die Jungfrauregion, oder in Bahnhofnähe mit der Standseilbahn zum Harder Kulm hochfahren.

www.zentralbahn.ch

Zürichsee

Sihlwald

Stadt Zug

Höllgrotten bei Baar

Zytturm, Zugersee

Zürich – Zug

Zuerst entlang des Zürichsees – links hinter uns am Seeende die Stadt Zürich, vorne die Glarner Alpen – zweigt der Zug bald gegen rechts ab, um durch die einspurigen Zimmerberg- und Albistunnel aus dem Jahre 1897 nach Baar und Zug zu gelangen. Der direkte Zimmerberg-Basistunnel mit einer Länge von 20 Kilometer könnte dereinst dieses Nadelöhr beseitigen.

1 Zürichsee – bananenförmig gekrümmt

Der See mit seiner geschwungenen Form grenzt an die Kantone Zürich, St. Gallen und Schwyz. Am westlichen Ende liegt die Stadt Zürich. Früher war er vor allem Verkehrs- und Transportweg, heute sind seine Ufer gefragte Wohnlagen, sonnenverwöhnte Küstenabschnitte bekannt für ihren tiefen Steuerfuss und die hohen Immobilienpreise – prächtige Häuser und Villen sind hier anzutreffen.

2 Sihlwald – einst Nutzwald, heute ein Urwald

Der Wald vor den Toren der Stadt Zürich wurde während Jahrhunderten intensiv für Bau- und Brennholz genutzt. Es gab vor 150 Jahren sogar eine Waldeisenbahn zum Abtransport der Hölzer. Die Waldnutzung stellte man im Jahr 2000 ein. Seit die Natur weitgehend sich selber überlassen wird, verwandelt sie sich in eine urtümliche Wald-Wildnis. Das Tor in die Wildnis ist das Besucherzentrum in Sihlwald.

3 Höllgrotten bei Baar

Hinten im romantischen Lorzentobel steigt man in die Unterwelt. Tropfsteinhöhlen mit relativ jungen, märchenhaft anmutenden Steinformationen, die mit moderner Lichttechnik faszinierend inszeniert sind. Kleine Seen, Stalagmiten und Stalaktiten bilden das unterirdische Zauberreich.

4 Stadt Zug im gleichnamigen Kanton

Hauptstadt des drittkleinsten Kantons der Schweiz. Hier trennen sich die Bahnlinien Zürich–Gotthard und Zürich–Luzern. Das Bahnhofsgebäude steht zwischen den beiden Linien. Zug ist selbstbewusst und weiss, was es zu bieten hat: Hohe Lebensqualität, der Blick auf Rigi und Pilatus, der schmucke historische Stadtkern – und eine internationale Geschäftswelt. Wahrzeichen von Zug ist der 52 Meter hohe Zytturm. Zuerst als einfacher Mauerdurchlass zur Altstadt gebaut, wurde er im Laufe der Jahrhunderte erhöht, ergänzt, die grosse Uhr eingebaut.

Zug Tourismus Bahnhofplatz 6300 Zug
+41 (0)41 723 68 00 – www.zug-tourismus.ch

Zugersee, Rigi

Stille Reuss bei Rottenschwil

Einfahrt Luzern

Rotsee

Kappelbrücke, Luzern

Zug – Luzern

Zuerst dem unteren Ende des Zugersees entlang wechselt die Bahn ohne grossen Höhenunterschied bei Rotkreuz hinüber ins Reusstal, um dann durch das Tal der Ron Vororte von Luzern zu erreichen. Geologisch liegt das Rontal auf der Grenze zwischen den Alpen und dem Mittelland. Grössere Firmen haben sich hier angesiedelt, so die Schindler Aufzüge.

5 Zugersee – klein, aber voller Überraschungen

Kurz nach Ausfahrt aus Zug erscheint links der Zugersee, hinten die Rigi. Der See ist bekannt für malerische Sonnenuntergänge und als Badesee, 13 Strandbäder gibt es hier. Unter Romantikern ist der prachtvolle Vilette-Park mit seinem imposanten Baumbestand, Seeanstoss und Inselchen bekannt, auf der Gegenseite vom Bahnhof Cham, wir fahren daran vorbei.

6 Die Reuss, der Fluss vom Gotthard

Die Reuss ist der prägende Fluss der Zentralschweiz. Er stürzt vom Gotthardgebiet durch die Schöllenenschlucht nordwärts, durchfliesst den Vierwaldstättersee, unterquert die Kapellbrücke in Luzern, um dann durch das «Reusstal» (zu sehen nach Rotkreuz rechts) Richtung Aargau zu fliessen und bei Gebensdorf (Nähe Brugg) in die Aare zu münden.

7 Rotsee – der See der Götter und Ruderer

Vor Luzern erscheint auf der linken Seite ein 2.5 Kilometer langer, gerader, schmaler See – eine ideale natürliche Regattastrecke, denn die international übliche Wettkampfdistanz beim Rudern beträgt 2'000 Meter. Eingebettet in sanfte Hügel, ist der See vor Wind geschützt, der Durchfluss und somit die Strömung sind minimal. Der Rotsee wird in Ruderkreisen auch «Göttersee» genannt.

8 Nächster Halt Luzern

Die Einfahrt nach Luzern ist eng. 1859 fuhren die ersten Züge von Basel nach Luzern wie heute entlang der Reuss, dann aber in einen ersten Gütschtunnel und direkt via Pilatusstrasse quer auf den Platz vor dem heutigen Bahnhof. Nur vierzig Jahre später baute man die Zufahrt mit dem grossen Bogen und einen neuen Bahnhof im rechten Winkel zur Reuss. Die Linien von Zürich, Basel/Olten, St. Gallen, Bern/Wolhusen drängen sich heute durch das nur zweispurige Nadelöhr, 666 Züge pro Tag.

Stadt Luzern und Umgebung

Informationen über Luzern und Ausflugsziele um die Stadt am Vierwaldstättersee: Etappe «Lugano – Luzern», Seiten 135ff)

Hergiswil

Sarnersee

Am Glaubenberg

Hinauf zum Brünigpass

«Luzern–Interlaken Express» zum Brünigpass

Die Meterspur, auch «Brünigbahn» genannt, ist bis Giswil Vorortsverkehr der Stadt Luzern. Nach Horw durchfahren wir kurz den Kanton Nidwalden, um dann ab dem Alpnachersee im Kanton Obwalden zu fahren. Der Brünigpass bildet die Grenze zwischen Zentralschweiz und Berner Oberland.

9 Die ersten Kilometer mit der «Zentralbahn»

Wir erreichen nach der Luzerner Allmend Tunnelstrecke bald den Vierwaldstättersee. Seit 1817 werden in Hergiswil Glaswaren hergestellt. Die Ausstellung der berühmten «Glasi» erzählt die Geschichte des Glases und der Glashütte. Den Glasmachern kann direkt bei der Arbeit am Ofen zugeschaut werden. Zwei Eisenbahntunnel führen nach Hergiswil in die Felswand des Loppers, die eine Linie fährt Richtung Stans und nach Engelberg, die andere (unsere Route) an den Alpnachersee, ein Arm des Vierwaldstättersees. Von Alpnachstad fährt die Zahnradbahn steil zum Pilatus.

10 Sarnersee im Kanton Obwalden

Sarnen ist der Hauptort des Kantons Obwalden. Das Strandbad Seefeld bietet direkt am Sarnersee eine grosse Liegewiese, einen Sprungturm sowie ein Floss im See, ins Wasser führt ein langer Holzsteg. Auf dem Sarnersee verkehrt im Sommer der «Seestern», das beliebte Kursschiff zwischen Sarnen und Giswil. Wer selber Kapitän sein will, mietet sich ein Pedalo, Ruder- oder Motorboot oder ein SUP.

11 Glaubenberg und Panoramastrasse Glaubenbielen

Zwei interessante Passfahrten mit Postauto verbinden Obwalden mit dem Entlebuch, von Sarnen via Langis zum Glaubenbergpass und über Finsterwald zum Bahnhof Entlebuch. Die Moorlandschaft am Glaubenberg ist mit 130 Quadratkilometern grösser als der ganze Vierwaldstättersee. Eine zweite Verbindung gibt es über die schmale Panoramastrasse Glaubenbielen nach Sörenberg. *Die Bus-Verbindungen sind nicht häufig, Fahrplan beachten.*

12 Hinauf zum Brünigpass, ins Berner Oberland

Vom Sarnersee zum Brünig werden auf direktem Weg 520 Höhenmeter überwunden – es wird echt spannend. Nach der lieblichen Seelandschaft arbeitet sich die Bahn auf einer ersten Zahnstangenstrecke (System Riggenbach) hinauf zum Lungerersee. Beachtlich ist die Geschwindigkeit der heutigen Züge auf diesen Strecken, sowie das Einfädeln in die Zahnstange ohne grosses Rucken. Es folgen zwei weitere Zahnstangen bis zum Brünigpass. Bei der Ausweichstelle «Käppeli» kreuzen die Züge jede halbe Stunde im Stundentakt.

Aareschlucht

Sherlock Holmes, Meiringen

Meringues

Ballenberg

Brienz Rothorn Bahn

Giessbach

Vom Brünig nach Interlaken

Von der Station Brünig-Hasliberg auf 1'002 m ü.M. fährt der «Luzern–Interlaken Express» 400 Meter hinunter ins Haslital. Im Frühling und Frühsommer beeindrucken die grossen Wasserfälle am Gegenhang. Von Meiringen aus könnte vielleicht mal die «Grimselbahn» die Verbindung ins Goms zum «Glacier Express» ermöglichen. Doch Stand heute fahren wir mit der Zentralbahn entlang von Aare und Brienzersees nach Interlaken Ost.

13 Die Aare – 288 Kilometer bis zum Rhein

Die Aare, der längste gänzlich innerhalb der Schweiz verlaufende Fluss, entspringt im Grimselgebiet und durchsticht zwischen Innertkirchen und Meiringen den Felsriegel «Kirchet». Die Aareschlucht ist auf sicheren Stegen und durch Tunnel zugänglich. Dann durchfliesst die Aare Brienzer- und Thunersee, erreicht die Stadt Bern, um durch das Schweizer Mittelland bei Koblenz (Schweiz) den Rhein zu erreichen.

14 Meiringen – Traditionsreicher Ferienort

Vom Brünig fährt die Bahn nicht direkt zum Brienzersee, sie macht eine Kurve ins Haslital. Die Rampe ist erneut eine fast vier Kilometer lange Zahnstangenstrecke. Unten in Meiringen wendet der Zug und fährt entlang der Aare westwärts. Der Ort ist bekannt für die Geschichten um Sherlock Holmes und für die «Meringues». Die luftigen Eiweissschalen soll ein italienischer Zuckerbäcker um 1600 hier erstmals als Dessert kreiert haben. In Anlehnung an das Dorf Meiringen benannte er die süsse Erfindung Me(i)ringue.

15 Brienz im westlichen Berner Oberland

Auch hier liessen sich ein paar Tage Ferien verbringen. Das Schnitzlerdorf am oberen Ende des Brienzersees ist bekannt für die lange Tradition in der Holzbearbeitung und für das Freilichtmuseum Ballenberg mit über 100 bäuerlichen Bauten aus der ganzen Schweiz. Von Brienz aus stossen die kleinen Dampflokomotiven seit 1892 die roten Aussichtswagen in rund einer Stunde hinauf zum Rothorn.

Dem Brienzersee entlang nach Interlaken

Der 14 Kilometer lange See ist 260 Meter tief, umsäumt von steilen Berghängen und viel unberührter Natur. Die Bahn fährt auf der rechten Seite, die Autobahn befindet sich wenig auffällig auf der gegenüberliegenden Seeseite. Dort erkennen wir die Giessbachfälle, der Wasserfall stürzt in mehreren Stufen über insgesamt 500 Meter in den See. Das historische Grandhotel Giessbach wird erschlossen von der ältesten, noch in Betrieb stehenden Standseilbahn Europas ab Schiffländte.

Jungfrau von Interlaken aus

Dampfschiff «Lötschberg» (Brienzersee)

Tandemflug, Thunersee

JungfrauPark

Interlaken

Zwischen den beiden Seen – mit Blick zur Jungfrau

Die «Höhematte» mit Blick zur Jungfrau ist das Wahrzeichen von Interlaken. Der Ort «zwischen den Seen» liegt auf dem «Bödeli», der Schwemmebene der Lütschine aus der Jungfrauregion. Die Aare verbindet Brienzer- und Thunersee, Spazierwege und das «Bödelibad» liegen am Flussufer.

16 Einst Augustinerkloster im 12. Jahrhundert

Dann entdeckten bereits Johann Wolfgang von Goethe, Lord Byron und Felix Mendelssohn die einmalige Szenerie. In der zweiten Hälfte des 19. Jahrhunderts entwickelte sich Interlaken zum Fremdenort, dies nicht zuletzt durch die Eröffnung der Bahn zum Jungfraujoch (1912).

17 Schiff ahoi auf den Berner Oberländer Seen

Die «Blüemlisalp» auf dem Thunersee (Baujahr 1906) und die «Lötschberg» auf dem Brienzersee (Baujahr 1914) begeistern Passagiere durch ihr wunderbar nostalgisches Ambiente. Am Thunersee öffnet sich immer wieder ein Blick aus anderem Winkel auf die Hochalpen oder auf ein eindrückliches Schloss, und der Brienzersee ist umsäumt von steilen Berghängen und viel unberührter Natur. Die Anlegestellen der Schiffe befinden sich direkt an den Bahnhöfen Interlaken West (Thunersee) und Interlaken Ost (Brienzersee). Im Aarekanal fahren die Schiffe zum jeweiligen See, zwischen den beiden Bahnhöfen ist die Aare nicht schiffbar.

JungfrauPark – alles ausser gewöhnlich

Wie wurden Pyramiden erbaut? Solche Fragen werden in den Themenpavillons des früheren «MysteryPark» beantwortet. Man erlebt einen Aufenthalt inmitten mysteriöser Welten. Die 360-Grad-Panorama Show über das Unesco Welterbe Swiss Alps Jungfrau-Aletsch ist ein weiteres Highlight.

Tandemflüge – Landung mitten in Interlaken

Fast täglich landen Gäste aus aller Welt auf der Höhematte. Interlaken ist ein bekanntes Gebiet für Gleitschirmflüge. Warum nicht mal selber fliegen? als Passagier auf einem Tandem-Gleitschirmflug? Gestartet wird meist ab dem Beatenberg. Anmelden kann man sich überall in Interlaken.

Interlaken Tourismus – Marktgasse 1 – 3800 Interlaken
+41 (0)33 826 53 00 – www.interlaken.ch

Giessbachfälle

Brienzersee

Harder Kulm

Schynige Platte, Zahnradbahn

Am Gemmenalphorn

Im Alpengarten

Ausflüge Berner Oberland Ost

Interlaken ist idealer Ausgangsort

Dutzende von Ausflugszielen sind in greifbarer Nähe. Mit öffentlichen Verkehrsmitteln erreicht man Aussichtsberge, hochalpine Landschaften, fährt mit dem Schiff auf einem der beiden Seen oder unternimmt eine (Berg-) Wanderung in der näheren oder weiteren Umgebung. In Interlaken Ost erhält man am Bahnhof Informationsmaterial und Auskünfte.

Der Weg der drei Wasserfälle – Brienzersee

Der idyllische Ausflug zu den Giessbach Wasserfällen, eine gut zweistündige Wanderung, kombiniert zuvor mit einer Schifffahrt ab Interlaken Ost nach Iseltwald. Nach dem Wasserfall-Erlebnis und der Fahrt auf der historischen Standseilbahn vom Jugendstil-Hotel Giessbach hinunter zum See geht es mit dem Schiff wieder zurück zum Ausgangsort.

18 Harder Kulm – perfekte Panoramafotos

Ideal, um einen Überblick zu bekommen und die nächsten Ziele ins Auge zu fassen. Seit über 100 Jahren fährt die Harder-Standseilbahn durch den Wald hinauf zum Kulm. Nur fünf Minuten sind es zu Fuss von der Bergstation zum Restaurant mit Türmchen und zur luftigen neuen Glasboden-Plattform mit direktem Blick auf Eiger, Mönch, Jungfrau sowie über Brienzer- und Thunersee.

19 Beatenberg und Niederhorn – Postkarten-Aussicht

Von Interlaken fährt ein Postauto über die Bergstrasse zum langgestreckten Dorf. Wer höher will, fährt mit der Gruppenumlaufbahn zum Niederhorn. Die Berner Alpen präsentieren sich ebenso wie die Steinböcke auf dem Bergweg zum Gemmenalphorn. Als Alternative nimmt man die gläserne Panorama-Standseilbahn hinunter zum Thunersee und das Motorschiff nach Interlaken, Spiez oder Thun.

20 Schynige Platte – nostalgische Zahnradbahn

Seit 130 Jahren werden die kleinen Personenwagen mit 80 cm Spurweite und bis zu 25 Prozent Steigung zum Aussichtspunkt hochgestossen. Die Fahrt dauert fast eine Stunde – warum immer möglichst rasch auf einen Berg hochfahren? Das Jungfraumassiv und die Eigerwand in Griffnähe sind oben die grosse Attraktion, doch auch der Rundweg zum Grat mit Blick auf den Brienzersee, der Alpengarten mit 600 verschiedenen Pflanzenarten und das Berghotel sind unbedingt ein Besuch wert.

Jungfraujoch, Aletschgletscher

Firstbahn

Flying-Fox, First

Lauberhorn-Trail

Staubbachfall

Birg, Schilthorn

21 Grindelwald First – Abenteuer und Bergidylle

Gegenüber von der Kleiner Scheidegg fuhr 1947 die längste kuppelbare Sesselbahn der Welt (die romantischen Zweiersesseli) in vier Sektionen rauschend zum First. Heute erreichen die Sechsergondeln vom hinteren Dorfteil aus den Aussichtspunkt. Die Viertausender Finsteraar-, Schreck-, Lauteraarhorn und Fiescherhörner rücken ins Blickfeld. Empfehlenswert ist die gemütliche Wanderung zum nahegelegenen Bachalpsee. Auf dem First Cliff Walk, auf dem Flying-Fox oder den Mountain Carts ist Abenteuer pur angesagt.

22 Jungfraujoch – Beginn des Grossen Aletschgletschers

Sieben Kilometer misst der Tunnel im Inneren des Eigers, der von 1896 bis 1912 gebaut wurde. Durch Stollen gehts von der Bergstation zum Eispalast, mit Lift hoch zur Beobachtungsterrasse, und hinaus auf die Schneefelder. Berggewohnte begeben sich in der dünnen Luft auf die 45minütige Wanderung zum Mönchsjoch. Die Fahrt zum Jungfraujoch lässt sich unterschiedlich gestalten via Wengen und Kleine Scheidegg oder für Eilige via Eiger-Express ab Grindelwald Terminal.

23 Wengen – Lauberhorn Trail im Sommer

Beim Starthaus des berühmten Skirennens beginnt auch im Sommer der Trail, exakt der Abfahrtslinie folgend: Hundschopf, Minschkante, Canadian Corner, Haneggschuss inbegriffen. Unterwegs erfährt man auf Informationstafeln Interessantes rund um das Rennen, 3-D-Viewer entlang der Strecke ermöglichen die genaue Analyse der optimalen Abfahrtsspur.

24 Lauterbrunnen – Tal der Wasserfälle

«Der Menschen Seele gleicht dem Wasser» schrieb Goethe 1779 beim Anblick des 297 Meter hohen Staubbachfalls. Auf halbem Weg nach Stechelberg donnern die unterirdischen Trümmelbachfälle im Bergesinnern über zehn Stufen, die man über ein Labyrinth aus Treppen, Galerien und einem Lift erreicht. Vom Tal fahren Bahnen nach Wengen und Mürren.

25 Schilthorn – über dem Feriendorf Mürren

Der Film «Im Geheimdienst Ihrer Majestät» (James Bond) machte den Berg berühmt! Vom Tal der Wasserfälle gehts mit der Gondel via das autofreie Dorf Mürren aufs Schilthorn (2'970 m), das im Bond-Klassiker als «Piz Gloria» Filmgeschichte schrieb. Eine permanente Ausstellung erinnert daran, während im Drehrestaurant das Champagner-Frühstück serviert wird – mit traumhafter Aussicht zum Jungfraumassiv.

Pays d'Enhaut

Interlaken – Montreux

Der «GoldenPass Express» verbindet die Jungfrau-Region mit mediterranem Lebensgefühl am Lac Léman. Die Reise führt durch voralpine Täler, vorbei an schmucken Häusern, grünen Wiesen, weidenden Kühen – und am Nobelort Gstaad.

Interlaken – Montreux

Die «GoldenPass» Linie

Dieser Zug quert vom Berner Oberland an den Genfersee, eine sanfte Fahrt entlang der Voralpen. Thunersee, Simmental, Saanenland, Pays d'Enhaut und die Hänge hinunter zum Lac Léman sind die landschaftlichen Highlights, die vom neuen GoldenPass Express durchfahren werden. Seit 2023 fahren mehrmals täglich gleiche Wagen vor und nach Zweisimmen auf unterschiedlichen Spurbreiten... ihre Fahrgestelle werden in wenigen Sekunden von der einen Spurbreite auf die andere «umgespurt». Eine bemerkenswerte bahntechnische Leistung.

1 — Thunersee
2 — Spiez
3 — Wimmis
4 — Simmental
5 — Zweisimmen
6 — Gstaad
7 — Saanen
8 — Rougemont/Château-d'Oex
9 — Rossinière
10 — Allières
11 — Montreux Corniche
12 — Montreux
13 — Lavaux
14 — Corsier-sur-Vevey
15 — Vovoy
16 — Rochers de Naye
17 — Joux Verte, La Roche
18 — Grangettes, Les
19 — Bouveret, Le
20 — Lac Léman (Genfersee)

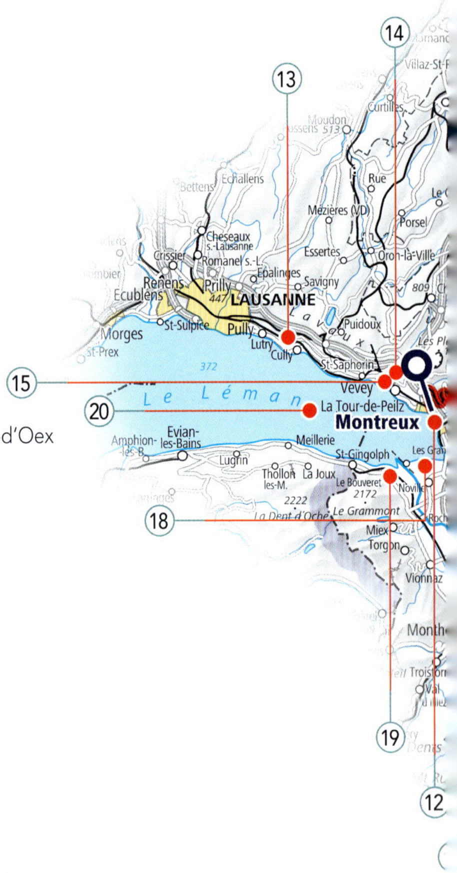

1
2
3
4
5
6
7
8
9
Interlaken
Fribourg
Düdingen
Belfaux
Tafers
Schwarzenburg
Riggisberg
Burgistein
Alterswil
Matran
Villars-sur-Glâne
Marly
Giffers
Rüschegg
Wattenwil
Uetendorf
Guggisberg
Gurnigelbad
Thun
Hilterfingen
Horrenbach
Posieux
Le Mouret
Plaffeien
Blumenstein
Gwatt
Sigriswil
Oberried
Brienz
Plasselb
Thunersee
Merligen
Beatenberg
Ringgenberg
Brienzersee
Axalp
Schwefelberg-Bad
Schwarzsee
Stockhorn
Gantrisch
Spiez
Unterseen
Iseltwald
Le Bry
La Roche
Oberwil i.S.
Erlenbach
Wimmis
Matten
Faulhorn
Corbières
Kaiseregg
Simme
Nieder-Simmental
Niesen
Leissigen
Wilderswil
Lütschental
Grindelwald
Riaz
Bulle
Charmey
Boltigen
Reichenbach im Kandertal
Isenfluh
Broc
Jaun
Riederen
Morgenberghorn
Wengen
Gruyères
Jaunpass
Frutigen
Kiental
Lauterbrunnen
Epagny
Abländschen
Enney
Zweisimmen
Schwenden
Schilthorn
Mürren
Grandvillard
Kandergrund
Männlifluh
Griesalp
Stechelberg
Mönch
Vanil Noir
Saanenmöser
Jungfrau
Montbovon
Rougemont
Saanen
St.Stephan
Adelboden
Mitholz
Oschinensee
Château-d'Oex
Albristhorn
Kandersteg
Blümlisalphorn
Ebnefluh
Rossinière
Gstaad
Pays d'Enhaut
Ober-Simmental
Lenk
Gilbach
Engstligental
Breithorn
Aletschhorn
Wasserngrat
Lauenen
Balmhorn
Blatten
Eggishorn
L'Etivaz
Wildstrubel
Gemmipass
Lötschental
Bietschhorn
La Tornette
Gsteig b.G.
Rawilpass
Leukerbad
Goppenstein
Riederalp
Sépey
Les Diablerets
Wildhorn
Col du Sanetsch
Mörel
Vers l'Eglise
Col du Pillon
Montana
Salgesch
Leuk
Naters
Villars-s.-O.
Crans
Susten
Gampel
Raron
Brigerbad
Brig
Glis
Ried bei Brig
Anzère
Visp
Lens
Sierre
Gamsen
Derborence
Grimisuat
Unterbäch
Daillon
Moosalp
Sion
Vercorin
Grand Muveran
Vétroz
Conthey
Nax
Ovronnaz
Dent de Morcles
Chamoson
Veysonnaz
Saillon
Nendaz
Riddes
Thyon
Collonges
Le Rhône
Fully
Saxon
Levron
Martigny
Sembrancher

Simmentaler Bauernhaus

Reiseinformationen und Tipps

Die vielfältige Reise beginnt in Interlaken Ost oder Interlaken West. Dann geht es dem Thunersee entlang bis zum Kreuzungsbahnhof Spiez, hoch über dem Schloss und See. Der GoldenPass Express kreuzt hier die Linie Bern – Brig (–Simplon). Vorbei an den Simmentaler Bauernhäusern (und Simmentaler Kühen) erreicht der Zug Zweisimmen, wo man früher wegen unterschiedlicher Spurweiten immer umsteigen musste. Durch das Saanenland und Pays d'Enhaut gehts weiter, bis die voralpine Bergkette im Jaman-Tunnel unterquert wird. Wow, welch ein Blick immer wieder hinunter zum Genfersee!

Für die ganze Strecke sitzen bleiben

Mit dem neuen Zug dauert die direkte Fahrt von Interlaken nach Montreux 3h15. Es muss für die ganze Strecke nie umgestiegen werden, die Fahrwerke passen sich unter den Wagen der neuen Schienenbreite an. Der neue GoldenPass Express verkehrt das ganze Jahr, mehrmals im Tag in beide Richtungen. Bei allen anderen fahrplanmässigen Verbindungen sind Spiez und Zweisimmen Umsteigeorte, die gesamte Fahrzeit ist etwas länger. Zwischen Zweisimmen und Montreux sind weiterhin Belle-Epoque und Panoramawagen im Einsatz.

Interlaken Ost: Anschluss-Bahnhof von/nach Luzern sowie in die Jungfrau-Region und mit dem Schiff auf den Brienzersee. Von hier aus fährt der GoldenPass nach Montreux sowie alle Züge nach Spiez/Bern.

Interlaken West: Hier halten alle Züge nach Spiez/Bern oder Montreux. Im Kanal gleich neben dem Bahnhof ist die Einstiegstelle auf die Personenschiffe zum Thunersee.

Ausstattung im Panoramazug und Services

Der GoldenPass Express verfügt über eine 2. Klasse, eine 1. Klasse sowie 18 Sitze im Prestigeabteil die drehbar sind und so immer den besten Blick in Fahrrichtung ermöglichen. Das Cateringangebot im neuen Zug ist auf regionale Spezialitäten ausgerichtet (vor der Reise bestellen).

Fahrscheine / Reservation

Alle Fahrkarten sind ohne Zuschlag gültig. Die kostenpflichtige Platzreservierung in der 2. und 1. Klasse wird jedoch sehr empfohlen. In der Prestige-Class benötigt man eine 1. Klasse Fahrkarte und die obligatorische entsprechende Platzreservierung.
In Interlaken Ost und West gibt es am Bahnhof Bahn-Reisezentren für Auskünfte und Reservationen. Im Webshop auf www.gpx.swiss können zudem alle Plätze aus- und angewählt werden.

Individuelle Gestaltung der Reise

Täglich gibt es zwischen frühmorgens und bis 20 Uhr abends rund 15 Verbindungen von Interlaken via Zweisimmen und Gstaad nach Montreux. Im online Fahrplan ist «via Zweisimmen» oder «via Gstaad» einzugeben, da sonst (weniger attraktive) Verbindungen via Bern und Freiburg oder Visp resultieren.
Zwischen Interlaken West und Spiez besteht im Sommer eine Schiffverbindung über den Thunersee (Fahrplan beachten). Von Spiez See gibt es einen fahrplanmässigen Bus zum Bahnhof.

Gut zu wissen

Warum nicht in Gstaad aussteigen, einen Dorfbummel in der «kürzesten Shoppingmeile der Schweiz» unternehmen, in der Molkerei ein gutes Stück Käse kaufen, einen Kaffee trinken und zwei Stunden später weiterfahren. Am Bahnhof gibt es Schliessfächer.

www.goldenpass.ch

Thunersee mit Eiger, Mönch, Jungfrau

Spiez am Thunersee

Bahnhof Spiez

Spiezer Bucht

ICE bei Faulensee

Dem Thunersee entlang

Wer in Interlaken Ost den Zug Richtung Spiez besteigt, fährt wenige Minuten der Aare entlang, der Verbindung zwischen Brienzer- und Thunersee, nach Interlaken West, dem zweiten Bahnhof des Ferienortes. Es folgt der Schifffahrtskanal, bevor wir den ersten Blick auf den Thunersee und hinüber zum Beatenberg und zum Niederhorn werfen. Dort sehen wir auch, wo die Hängegleiter starten.

1 Der Thunersee

Nach dem Rückzug des Aaregletschers vor rund 15'000 Jahren entstand zwischen Meiringen und Thun ein langgezogener See. Geschiebe aus den Seitentälern trennten diesen, es bildete sich das «Bödeli», das Gebiet des heutigen Interlaken. Der Thunersee ist beliebtes Ausflugsziel, nicht zuletzt wegen des eindrücklichen Panoramas auf das Berner Oberländer Dreigestirn «Eiger, Mönch und Jungfrau», zum Beispiel auf einer mehrstündigen Schiffsfahrt zwischen Interlaken West, Spiez und Thun.

2 Spiez – sein Schloss, sein Wein

Beim Anblick des Schlosses vom Bahnhof Spiez aus (leider nur vor dem Bahnhofsgebäude) zieht es einen unweigerlich hinunter ins Städtli, zum natürlichen Hafenbecken. Die südorientierten Rebhänge neben der frühromanischen Schlosskirche gehören zu den höchstgelegenen Rebbergen nördlich der Alpen. Dank dem Wärmespeicher Thunersee und dem Föhn gelingt es, einen schönen, frischen, frechen, spritzigen Weisswein zu keltern.

Bahnen kreuzen im Bahnhof Spiez

Direktverbindungen Milano–Frankfurt und Interlaken–Hamburg oder –Berlin treffen sich hier und halten im Bahnhof Spiez. Doch auch die GoldenPass Züge und der «Lötschberger» (Alternative Etappe «Thunersee – Lugano», Seiten 197ff) fahren via Spiez. Hübsch war die «Spiezer Verbindungs-Bahn», eine Strassenbahn vom Hafen direkt hinauf zum Bahnhof – leider gibt es das Spiezer Tram nicht mehr.

Info Center Spiez – am Bahnhof – 3700 Spiez
+41 (0)33 655 90 00 – www.spiez.com

Simmental

Schloss Wimmis

Simmentaler Bauernhaus

GoldenPass Express

Umspuranlage Zweisimmen

Im GoldenPass Express durch das Simmental

Nach Spiez zweigt unser Zug nach links ab (letzter Blick zur Jungfrau). Später schlängelt er in Fahrtrichtung auf der rechten Talseite bis Zweisimmen. Nach dem Umspuren (unten) folgt ein Kehrtunnel, um die Saanenmöser, mit 1'275 m ü.M. den höchsten Punkt der Etappe, zu erreichen.

3 Die Port am Eingang zum Simmental

Das Engnis von Wimmis, die Port, ist geologisch bedingt. Hier hat sich die Simme den Weg Richtung Aaretal gesucht. Mittendrin steht der Felsriegel «Burgfluh» (einst mit einer Artilleriefestung der Schweizer Armee), am östlichen Ende das Schloss Wimmis. Interessant sind die verschieden alten Brücken in der Schlucht, die älteste aus dem Jahre 1766.

4 Simmentaler Kühe und Bauernhäuser

Das gefleckte Vieh aus diesem Tal ist weltbekannt. Man schätzt die ausgezeichnete Milch, ihr vorzügliches Fleisch und ihre hervorragenden Eigenschaften als Mutterkuh. Berglandwirtschaft brachte früher denn auch Reichtum ins Simmental – Zeugen davon sind viele Bauernhäuser, wunderschöne alte Holzbauten, Zimmermannskunst, architektonische Spitzenleistungen, perfekt harmonisch, mit eindrücklichen Fassadenmalereien.

5 Zweisimmen – drei Bahnen am Bahnhof

Mitten im Bergland treffen sich drei Eisenbahnlinien: Die Normalspur (1'435 m) der BLS durch das Simmental endet hier, von Montreux und Gstaad kommt mit 1 Meter Spurweite die «Montreux Berner Oberland Bahn» (MOB) und an die Lenk fährt ebenfalls die MOB mit einer Meterspur.

Das Umspuren der neuen Panoramawagen

Die Idee, Thuner- und Brienzersee mit Gstaad und Genfersee zu verbinden, ist 150 Jahre alt. Die Gleise wurden schliesslich zwischen 1900 und 1905 wegen unterschiedlicher Topografie mit unterschiedlichen Spurweiten (durch unterschiedliche Bahngesellschaften) gebaut: Normalspur im Simmental und Meterspur zwischen Zweisimmen und Montreux. Das Projekt durchfahrender Wagen nahm man immer wieder auf, in den 1930er Jahren (und auch später) stand eine dritte Schiene im Simmental und am Thunersee zur Diskussion.
Wenn sich Gleise nicht verändern lassen, muss sich das Rollmaterial anpassen. Dank des ausgeklügelten, variablen Drehgestells und einer Umspuranlage in Zweisimmen wechseln heute die Panoramawagen des GoldenPass Express von einer Spur zur anderen, sie fahren auf beiden Spurweiten und auf unterschiedlicher Einstiegshöhe. Eine BLS-Lokomotive bringt den Zug nach Zweisimmen, ab hier werden die Wagen nach dem Umspuren vom Triebfahrzeug der MOB übernommen.

Kirche von Saanen, hinten Gstaad

Promenade, Gstaad

St. Niklaus-Kapelle, Gstaad

Saanenländer Hobelkäse

Wanderland Saanenland

Ein Aufenthalt im Saanenland

Warum nicht in Gstaad oder Saanen einen Halt einlegen und zwei Stunden später weiterfahren? oder im nächsten Jahr hier ein paar Tage Ferien verbringen? Der Fluss «Saane» entspringt am Sanetschpass, an der Wasserscheide zum Rhonetal. Die Gemeinde Saanen, wozu auch Gstaad gehört, bildet mit Gsteig und Lauenen das Saanenland im westlichen Berner Oberland.

6 Gstaad – kürzeste Shoppingmeile der Schweiz

Die autofreie Promenade wird nicht nur von international prominenten Gästen geschätzt – Stichwort «Sehen und gesehen werden». Neben der St. Niklaus Kapelle treffen sich auf der Dorfstrasse auch Familien mit Kindern, Bergwanderer geniessen einen Drink nach der Tour und Jungvermählte die schönsten Tage ihres Lebens. Kleine Geschäfte und die bekannte Molkerei verkaufen feine lokale Produkte.

7 Die Kirche von Saanen

Der malerische Ort mit dem stolzen Kranich im Wappen ist Hauptort des Saanenlandes. Wahrzeichen ist der markante Kirchturm mit sechseckigem Schindeldach und hölzerner Glockenstube. Eine wichtige Rolle spielt die Kirche beim alljährlich stattfindenden Menuhin Musikfestival.

Hobelkäse – der bekannte Klassiker

Mit drei Jahren ist der berühmte Saanenländer Hobelkäse, ein Alpkäse, ausgereift. Nach dem ersten Jahr wird er nur noch wenig behandelt, die Laibe reifen von nun an trocken. Der harte Hobelkäse ist zu spröde, um mit einem Messer geschnitten zu werden, man hobelt ihn mit dem speziellen Käsehobel in dünne Scheiben, die sich je nach Sorte und Alter des Käses rollen.

Wandergebiet Saanenland

Eine Vielzahl von leichten und mittelschweren Wanderungen bietet sich hier an – ein Routennetz von mehreren hundert Kilometern. Vom Spaziergang auf dem Yehudi Menuhin Philosophenweg entlang der Saane bis zu anspruchsvollen Touren, von der Wispile zum Lauenensee oder von Lauenen zum Türli und ohne grosse Höhenunterschiede über dem hinteren Turbachtal zum Parwengsattel und bis zum Horneggli.

Gstaad Saanenland Tourismus – Promenade 41 – 3780 Gstaad
+41 (0)33 748 81 81 – www.gstaad.ch

Scherenschnitt

Grand Châlet, Rossinière

Pays d'Enhaut, Gummfluh

Château-d'Oex

Montreux

Pays d'Enhaut – über die Sprachgrenze gegen Westen

Im Eisenbahntunnel durch den Vanel fährt der GoldenPass Zug in den Kanton Waadt, von jetzt an wird Französisch gesprochen. Wir befinden uns im Regionalen Naturpark Gruyère Pays d'Enhaut. Die intakte Alp- und Landwirtschaft, geprägt durch jahrhundertelanges Wirken der einheimischen Bevölkerung, ist typisch für dieses voralpine Tal entlang der Saane.

Cluniazenser, Heissluftballone, Scherenschnitte

8 Mönche aus Cluny erbauten im 11. Jahrhundert in Rougemont das Kloster, das Land schenkte ihnen der Graf von Greyerz. Genau an der Stelle der ehemaligen Prioratsgebäude errichteten dann 500 Jahre später die Berner Landvögte ihre Residenz. Kirche, Schloss und die authentischen Chalets machen den Reiz dieses oft fotografierten Ortes aus.

Der Hauptort im Tal, Château-d'Oex, ist bekannt wegen den Heissluftballon-Wettkämpfen. Und im erweiterten lokalen Museum sind über 60 gut erhaltene Scherenschnitte zu bewundern. Die filigranen, volkstümlichen Kunstwerke erfreuen das Auge und erzählen gleichzeitig spannende Geschichten. Einst Alpaufzüge und Bauern-Motive, erlebt der kunstvolle Scherenschnitt heute eine wahre Renaissance.

Rossinière – kurz ein Blick zum Grand Châlet

9 Mit einer Grundfläche von 500 m^2, fünf Stockwerken, 60 Räumen, 113 Fenstern, reich verzierten Fassaden und einem grossen, teils schindelbedeckten Walmdach wirkt das 1752–56 erbaute, mit einem Käselager geplante, dann als Hotel genutzte und später vom Künstler Balthus bewohnte Holzhaus äusserst imposant. Das «Grand Châlet» ist Privatbesitz und kann nicht besichtigt werden.

Allières – unbekanntes Tal mit Bahnline

10 Von Montbovon führt eine Regionalbahn zum Städtchen und zum Schloss Greyerz (Gruyères). Die Saane fliesst weiter durch den Kanton Freiburg und in die Aare. Der Zug Richtung Montreux hingegen sticht mit Kehren hinauf ins landschaftlich eindrucksvolle, romantische Tal des Hongrin, bis hinauf nach Les Cases, um unter dem Col de Jaman durch in einem fast 2.5 km langen Tunnel die Hänge über dem Genfersee (Lac Léman) zu erreichen.

700 m hinunter zum Genfersee

11 Ab Les Avants heisst es aufpassen: Gleich kommt links der erste Blick zum See, nach dem Kehrtunnel dann auf der rechten Seite der Lac Léman fast in seiner ganzen Grösse. Es folgen die ersten Rebberge und das Schloss von Châtelard – Schlag auf Schlag, mal links, mal rechts, bis hinunter in den Bahnhof von Montreux. Endstation der GoldenPass Linie.

Schloss Chillon

Les Planches

Freddie Mercury

Blumenpromenade

Schloss Chillon

Montreux

An der Riviera – nur viel schöner

Zwischen See, Bergen und Weingütern wirkt die Landschaft wie ein kleines Paradies, das Besucher mit seiner Schönheit, Ruhe und Inspiration immer wieder verführt. Die Schweizer Riviera weist eine Vielfalt an kulturellen Veranstaltungen auf, darunter das Montreux Jazz Festival.

Flanieren an der Blumenpromenade

12

Blumenbeete, Blumenskulpturen – Blumen, so weit das Auge reicht: Jedes Jahr schmücken die Stadtgärtner von Montreux die mehrere Kilometer lange Uferpromenade zwischen Clarens und Villeneuve mit viel Kunstsinn.

«Made in Heaven» – Freddie Mercury und die Queen

«If you want peace of mind, come to Montreux» sagte Freddie Mercury (1946–1991). Er lebte nicht nur hier, sondern nahm hier auch sechs seiner Alben mit der Rockgruppe Queen auf, so sein letztes Album, auf dessen Plattenhülle der Genfersee zu sehen ist – «Made in Heaven». Seine Statue steht an der Seepromenade bei der Markthalle.

Les Planches – der älteste Teil von Montreux

Die Kirche Saint-Vincent, so benannt nach dem Schutzpatron der Weinbauern, steht an markanter Stelle. Les Planches, der malerische, älteste Teil von Montreux mit seinen verwinkelten Gassen und alten Häusern ist Zeuge der Vergangenheit – ein Spaziergang dorthin lohnt sich.
Les Planches hat eine Bushaltestelle und eine eigene Haltestelle der Zahnradbahn zum Rochers de Naye.

Schloss Chillon – 1'000 Jahre Geschichte

Türme, Wehrgang und die ungemütlichen Kerkerzellen direkt am Wasser, im Keller der historischen Wasserburg am Genfersee, erinnern daran, dass Chillon mal eine Festung war. Man erfährt auch viel über den Alltag am Hofe der Savoyer und über das Leben der Berner Landvögte.
Der Besuch des Schlosses lässt sich bestens mit einer Schifffahrt oder Spaziergang entlang der Promenade verbinden. Es gibt zudem eine Bus- und Bahnhaltestelle.

Montreux-Vevey Tourisme – Grand-Rue 45 – 1820 Montreux
+41 (0) 848 868 484 – www.montreuxriviera.com

Lavaux, Lac Léman

Lavaux, Train des Vignes

Zu Besuch beim Winzer

Vor dem Alimentarium

Chaplin's World

Chaplin Statue, Vevey

Ausflüge am Lac Léman

Am Genfersee sollte man etwas länger bleiben
Der französische Name «Léman» geht auf eine keltische Wurzel zurück mit der Bedeutung «grosses Wasser». Bei Le Bouveret fliesst die Rhône aus dem Wallis kommend in den See, um diesen bei Genève (Genf) in Richtung Lyon und Marseille zu verlassen.

13 Lavaux Weinberg-Terrassen – Unesco-Welterbe

Unten der Lac Léman, hinten die verschneiten Berge – man braucht tatsächlich etwas Zeit, um diese Landschaft auf sich wirken zu lassen! Mit 830 Hektaren Fläche gehört das Gebiet zu den grössten Weinbergen der Schweiz. Enge Gassen und charakteristische Winzerhäuser prägen die Dörfer wie St-Saphorin mit der Auberge de l'Onde, die auf eine Jahrhunderte alte Gastgebertradition zurückblickt.

Zu Besuch beim Winzer

«Saint-Amour» ist der Name eines Weingutes oberhalb von Cully – nicht nur wegen des poetischen Namens «Heilige Liebe», sondern auch wegen den sehr freundlichen Gastgebern kommen Besucher gerne zu einer Weindegustation auf die aussichtsreiche Gartenterrasse mitten in den Weinbergen.

14 Chaplin's World – Filmstudio, Privaträume, Park

Im Manoir de Ban, oberhalb von Vevey, wohnte der weltberühmte «Vagabund» Charlie Chaplin. Die herrschaftliche Villa und der angrenzende Park sind heute öffentlich zugänglich. Und im Neubau wird das künstlerische Schaffen des Regisseurs und Schauspielers inszeniert: Originale Filmdekors und Kulissen, ein Schnittraum und ein Multi-Media-Theater machen das Leben von Charlie Chaplin zum Erlebnis.
Nach «Corsier-sur-Vevey, Chaplin» fährt ein öffentlicher Bus ab Bahnhof Vevey (Vevey, poste).

15 Alimentarium – in Vevey Essen neu entdecken

Die Tätigkeit «Essen» mal mit anderen Augen sehen! Wir begeben uns auf eine spielerische und interaktive Reise durch die Ausstellung, wo es um Nahrungsmittel, Produktionsarten, Kulturen und Bräuche aus aller Welt geht. Das Wahrzeichen des Alimentariums, die im Guinness Buch der Rekorde eingetragene, unübersehbare acht Meter hohe Gabel stand bereits 1995 mal im Genfersee.

Rochers de Naye

Les Grangettes

Sandstrand, Le Bouveret

Le Haut-Lac

Joux Verte, La Roche

16

Rochers de Naye – hoch über dem Lac Léman

Am Bahnhof Montreux fährt sie los, die Zahnradbahn zum Hausberg von Montreux. Die Felsen – les rochers – 1'650 Meter über der Stadt gehören zur Stadt ebenso wie das Schloss Chillon und das Jazz Festival. Unerwartet ist das Murmeltier-Erlebnisparadies und das Panorama vom «Plein-Roc» aus, dem Restaurant in der Felswand mit Genfersee-Blick.

Tagsüber fährt die Zahnradbahn jede Stunde zum Berg, die Fahrt dauert 49 Minuten. Für Bahn-Romantiker gibt es von Blonay nach Chamby auch eine Museums-Bahn mit historischem Wagenmaterial und Dampffahrten.

17

Joux Verte – Holztransport vor 300 Jahren

Holzflössen auf Flüssen kann man sich gut vorstellen. Wie aber kam früher Brennholz (ohne Helikopter) vom Bergwald hinunter? Im Tal der Eau Froide sind die Reste einer Schleuse zu sehen. Öffnete man die Tore, so wurde das bereitgestellte Holz mit grosser Wucht 900m tiefer zum Dorf La Roche gespült. Ab Les Agittes (bei Corbeyrier) ist ein interessanter Rundweg (3h) markiert.

18

Les Grangettes – unberührter Uferstreifen

Das Mündungsgebiet der Rhone in den Genfersee ist reich an Schilfbeständen, Auenwäldern und weiten Riedflächen – für Zugvögel ein bedeutender Rast- und Überwinterungsplatz, ein Feuchtgebiet von internationaler Bedeutung. Von Villeneuve aus bieten drei markierte Wege Gelegenheit, das riesige Naturreservat zu entdecken.

19

Le Bouveret – Strand, Aquaparc und Eisenbahnen

Hier locken am Ufer des Genfersees im Sommer der Sandstrand und ein Wasserspielplatz mit Rutschen für Kinder. Im Wassererlebnispark «Aquaparc» wartet die spektakuläre Wasserrutsche «Booster Loop» – ein garantierter Adrenalinschub. Und im «Swiss Vapeur Park» dauert die 1'700 Meter lange Fahrt durch die Parkanlage mit der Miniatureisenbahn – teils mit Dampfbetrieb – fünfzehn Minuten.

20

Kreuzfahrt auf dem «Haut-Lac»

Schaufelraddampfer verkehren seit 200 Jahren auf dem Genfersee, dem zweitgrössten Binnensee Mitteleuropas, und bieten Fahrten an zwischen Genf und dem oberen Ende des Sees (Haut-Lac). Eine Kreuzfahrt ab Montreux zum Schloss Chillon, und dem Rhonedelta entlang bis St-Gingolph, ist die Krönung des Grand Train Tour Aufenthaltes am Lac Léman.

Sion, Tourbillon und Valère

Montreux – Visp – Zermatt

Ein letzter Blick über den Genfersee, zum Schloss Chillon und zu den Dents du Midi. Die Gipfel links und rechts werden höher, der Zug fährt in den Kanton Wallis mit den 45 Viertausendern. Ab Visp gehts mit der Schmalspurbahn dann richtig in die Berge.

Montreux – Visp – Zermatt

Rhonetal und Mattertal

Richtung Süden bewegen wir uns vom Lac Léman durch das Engnis der Alpenketten nach Martigny, dem römischen Octodurus. Immer der Rhone folgend durchquert der Zug das Zentrum des Walliser Weinbaus, eine lange Tradition, erste Rebstöcke gab es vor über 2'500 Jahren. Jede dritte Familie im Kanton hat auch heute was mit Reben zu tun. Auf dem Weg dann von Visp durch das Mattertal nach Zermatt mit dem berühmten Matterhorn überwindet die Matterhorn Gotthard Bahn teils mit Hilfe von Zahnstangen fast 1'000 Höhenmeter.

1. Aigle
2. Diablerets, Glacier 3000
3. Saint-Maurice
4. Vernayaz
5. Martigny – Chamonix
6. Grosser St. Bernhard
7. Martigny
8. Walliser Weinweg
9. Derborence
10. Val d'Hérens / Dixence
11. Sion/Sitten
12. Val d'Anniviers
13. Crans-Montana
14. Pfynwald
15. Leukerbad
16. Visp
17. Stalden-Saas
18. St. Niklaus
19. Randa
20. Zermatt
21. Grächen
22. Törbel, Moosalp
23. Saas-Grund
24. Saas-Fee

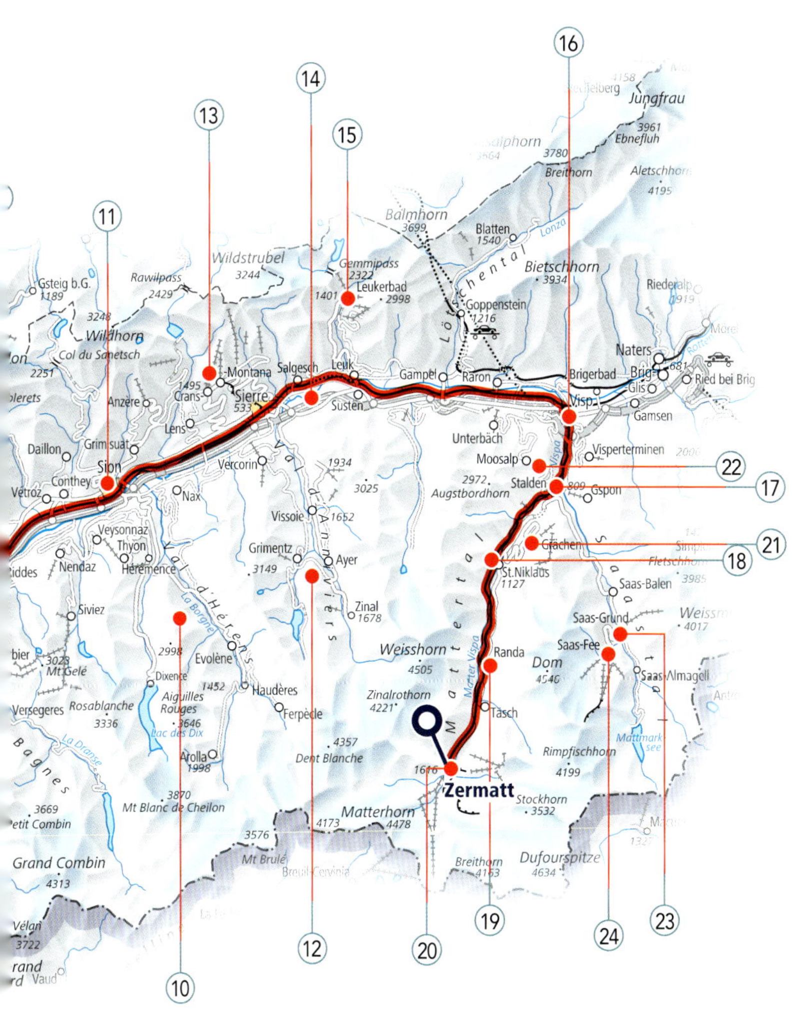

Jungfrau
Aletschhorn
Bietschhorn
Lötschental
Goppenstein
Blatten
Balmhorn
Wildstrubel
Gemmipass
Leukerbad
Rawilpass
Wildhorn
Col du Sanetsch
Gsteig b.G.
Montana
Crans
Sierre
Salgesch
Leuk
Susten
Gampel
Raron
Brigerbad
Visp
Brig
Glis
Naters
Riederalp
Ried bei Brig
Gamsen
Unterbäch
Visperterminen
Moosalp
Stalden
Gspon
Grächen
St.Niklaus
Saas-Balen
Saas-Grund
Saas-Fee
Saas Almagell
Randa
Täsch
Zermatt
Matterhorn
Weisshorn
Zinalrothorn
Dent Blanche
Dom
Rimpfischhorn
Stockhorn
Dufourspitze
Breithorn
Breuil-Cervinia
Mt Brulé
Augstbordhorn
Val d'Anniviers
Val d'Hérens
Mattertal
Saastal
Matter Vispa
Vispa
Vissoie
Grimentz
Ayer
Zinal
Vercorin
Sion
Conthey
Vétroz
Nax
Anzère
Lens
Grimisuat
Daillon
Veysonnaz
Thyon
Hérémence
Nendaz
Siviez
Evolène
Les Haudères
Ferpècle
Arolla
Dixence
Lac des Dix
Aiguilles Rouges
Rosablanche
Mt Gelé
Mt Blanc de Cheilon
Grand Combin
La Borgne
La Dranse
Mattmarksee
11
12
13
14
15
16
17
18
19
20
21
22
23
24
10

Walliser Weinweg

Reiseinformationen und Tipps

Die Strecke durch das breite Rhonetal vom oberen Ende des Genfersees via Martigny nach Visp ist Teil des historischen Simplon-Express, der nach der Eröffnung des Simplontunnels 1906 Paris mit Mailand (später mit Venedig und Istanbul) verband.
Bei St-Maurice durchsticht der Zug die Bergkette zwischen Dents du Midi und den Berner Alpen, um dann gleich in Martigny das bekannte Rhoneknie zu erreichen und nach links abzubiegen. Hier mündet das Tal, das vom ebenfalls historisch bekannten Pass, dem Grossen Sankt Bernhard kommt.
Zwischen Salgesch und Leuk befindet sich die Sprachgrenze Französisch-Deutsch, etwa dort, wo die Bahn zwischen den beiden Tunnels blitzartig die nur wenige Meter breite Dalaschlucht quert.

Vom Genfersee ins Wallis und ins Mattertal

Auch diese Etappe besteht aus zwei Teilstücken: Die Fahrt mit dem Schnellzug der SBB durch das Rhonetal und mit der Matterhorn Gotthard Bahn (MGB) ins seitlich abzweigende Mattertal bis Zermatt. Das Umsteigen in Visp ist mühelos via Unterführung im gleichen Bahnhof. Ebenerdig geht es aus der Unterführung zu Postautos, Geschäften und direkt in die Altstadt von Visp.
Die Fahrt von Montreux nach Visp dauert fünfviertel Stunden, die Züge fahren im Halbstundentakt. Gut eine Stunde braucht die Bahn dann von Visp nach Zermatt, zwei Züge machen sich auch hier stündlich auf den Weg. Der Bahnhof Zermatt befindet sich am Anfang der Bahnhofstrasse, «vorne» im Dorf. Im autofreien Zermatt gibt es öffentliche Elektro-Busse oder Elektro-Fahrzeuge der Hotels.

Ausstattung der Züge

Alle Züge, sowohl im Rhonetal wie auch nach Zermatt verfügen über Plätze 1. und 2. Klasse. Ein Verpflegungs-Angebot gibt es auf keiner dieser Verbindungen.

Fahrscheine / Reservation

Auf beiden Strecken sind alle normalen Bahntickets gültig. Die Sitzplatzreservierung ist sowohl auf dem Interregio im Rhonetal als auch auf der Strecke der MGB nur für Gruppen möglich.

Individuelle Gestaltung der Reise

Empfehlenswerte Halte unterwegs sind Martigny (Fondation Gianadda) oder die Walliser Hauptstadt Sion (Sitten). Beim Umsteigen in Visp lässt sich ebenfalls eine längere Pause einlegen; der «Pürumärt» ist mehr als ein einfacher, kleiner Markt – alle Freitagabende (später Nachmittag) trifft man sich auf dem Dorfplatz und kauft lokale Produkte.

Gut zu wissen

Die Bergstrecke Visp – Zermatt wird auch vom «Glacier Express» befahren, Dieser hält allerdings nirgends zwischen Zermatt und Brig (also auch nicht in Visp). Der RegioExpress der MGB hingegen hält an sechs Stationen unterwegs, teils „Halt auf Verlangen».

Bahn nach Leysin

Bahn nach Les Diablerets

Schloss Aigle

Bergstation «Glacier 3000»

Klosterschatz, Saint-Maurice

Diablerets Plateau

Von Montreux zum Engnis von St-Maurice

Nach letztem Blick zum Genfersee und vorbei am Schloss Chillon fahren wir in die Nord-Süd verlaufende Ebene der Rhone, das Chablais. Wir bleiben im Kanton Waadt, der Kanton Wallis reicht aber auf der anderen Seite des breiten Tales ebenfalls bis zum Lac Léman. Die Gegend ist ebenso wie Lavaux eine bedeutende Weinregion. Kurz vor St-Maurice werden wir die Alpenkette zwischen Dents du Midi und Dents de Morcles durchstechen.

1 Aigle/Bex – Bahnen im Chablais

Wahres Eldorado der Schmalspurbahnen am Bahnhof von Aigle. Sehr steil fährt die Zahnradbahn hinauf zum Ferienort Leysin, bis zum einstigen Grand-Hôtel. Via Le Sépey bewegt sich der «Wildwest-Express» durch enge Kurven direkt über dem Steilhang durch das Tal nach Les Diablerets. Nach Monthey und Champéry (Portes du Soleil) gelangt man ebenfalls mit dem Bähnli, allerdings mit einem kleinen Umweg via Winzerdorf Ollon. Von Bex schliesslich fährt die Bergbahn nach Villars-sur-Ollon (und mit Umsteigen weiter bis ins Wander- und Skigebiet von Bretaye).

Schloss Aigle – Weine und Weinmuseum

Malerisch präsentiert sich die Gegend um Yvorne und das Schloss Aigle mitten in den Weinbergen. Der ursprüngliche Bau stammt aus dem 12. Jahrhundert und beherbergt heute das Museum des Weines, des Weinbaus und der Weinetiketten. Die Weissweine aus dem Chablais gehören zu den besten Crus der Schweiz.

2 Diablerets – teuflisch schöner Ausflug

Auf dem Gletscherplateau zwischen Waadtland und Bern seien die Teufel los, erzählt man sich seit Generationen. Denn an gewittrigen Tagen kegeln die Diaboli nach dem vierzig Meter hohen Felsturm, den sie aber meist verfehlen. Kein Wunder, fürchtet man sich unten auf der Walliser Alp Derborence, 1'500 Meter tiefer, vor Felsstürzen. Bei blauem Himmel lohnt sich der Ausflug von Aigle oder von Gstaad aus. Die Luftseilbahn fährt ab Col du Pillon zur markanten Bergstation mit einfachen Schneewanderungen, imposanter Hängebrücke «Peak Walk» und hochalpiner «Alpine Coaster» Rodelbahn.

3 Saint-Maurice – Klosterschatz in der Basilika

Wir nähern uns dem geologisch bedingten Engnis im Tal der Rhone. Meisterwerke sakraler Goldschmiedekunst gibt es in der Basilika des 1'500 Jahre alten Klosters zu sehen. Nicht weit entfernt, beim Engnis von St-Maurice, befindet sich die Feengrotte, begehbar sind die ersten 500 Meter bis zum 50 Meter hohen unterirdischen Wasserfall.

Wasserfall Pissevache

Bernhardiner

Mont Blanc Express

Martigny

Fondation Gianadda, Martigny

Martigny – am Rhoneknie

Die Rhone ändert ihre Fliessrichtung. Von Osten aus dem Walliser Haupttal kommend biegt sie um 90° gegen Norden, wo sie zum Genfersee hinfliesst. Martigny blickt auf zweitausend Jahre Geschichte zurück: Keltische Stämme, die Römer und die Truppen Napoleons haben ihre Spuren hinterlassen. Inmitten von Rebbergen und Fruchtbäumen gelegen, ist die Kleinstadt auch bekannt für ihre Erdbeeren, Aprikosen, Trauben und Spargeln.

4 Pissevache und Trientschlucht

Kurz vor Martigny erblicken wir rechts vom Zug aus den Wasserfall «Pissevache». Das Wasser aus dem Gebiet der Dents du Midi stürzt durch die Gorges du Dailley und schliesslich 115 Meter hinunter direkt ins Rhonetal. Der Wasserfall war früh schon in Reiseberichten erwähnt, so schrieb Goethe 1779 darüber. Bei Vernayaz hat sich der Wildbach «Trient» 200 Meter tief ins kristalline Gestein eingeschnitten; Stege führen in die eindrückliche Schlucht, die in schwindelerregender Höhe von zwei Brücken überspannt wird.

5 «Mont Blanc Express» Martigny – Chamonix

Bei der Trientschlucht sieht man die Zahnradbahn Richtung Salvan, Les Marécottes, Le Châtelard (und weiter nach Chamonix) hochsteigen. Auf kühner Streckenführung klettert der Zug in engen Kurven und einem Kehrtunnel mit eindrücklicher Steigung 500 Meter hinauf, um dann durch das wilde Trienttal Richtung Chamonix zum höchsten Berg Europas weiterzufahren.

6 Grosser St. Bernhard und die Bernhardiner Hunde

In der kargen Gebirgswelt des Grossen Sankt Bernhard Passes steht das Hospiz. Hier, an der Grenze zu Italien, wurden die Bernhardiner Hunde früher von den Mönchen gezüchtet, anfänglich als Lastenträger, dann auch als Begleit- und Lawinensuchhunde. Heute ist die Hauptzuchtstätte bei der Fondation Barry in Martigny, mit einem Hundemuseum, das Geschichten und Wissenswertes über die Bernhardiner Hunde vermittelt.

7 Martigny – Museum Fondation Gianadda

Das Haus beherbergt neben dem gallo-römischen Museum auch ein Automobilmuseum und insbesondere die jährlich zwei Mal wechselnden hochkarätigen Ausstellungen von Gemälden. Im grossen Park ist eine umfangreiche Sammlung von Skulpturen renommierter Künstler des 20. Jahrhunderts zu sehen.

Martigny Tourisme – Avenue de la Gare 6 – 1920 Martigny
+41 27 720 49 49 – www.martigny.com

Auf dem Walliser Weinweg

Derborence

Grande Dixence

Erdpyramiden, Euseigne

Valère, Sion

Durch das Rhonetal von Martigny nach Visp

Auf der Reise von Martigny Richtung Sion, Sierre und Visp (Brig) fahren wir zwischen den beiden Gebirgen Berner und Walliser Alpen, ein alpines Längstal. Nach links und nach rechts zweigen Seitentäler ab, überall reizt es einen, mal Halt zu machen und reinzuschauen. Auch auf den Talschultern liegen sonnenverwöhnte Dörfer.

8 Der Walliser Weinweg

Erste Rebstöcke gab es im Wallis vor über 2'500 Jahren. Die vielen tausend Anbauflächen an den Südhängen sind terrassiert und meist kleinparzelliert, «La Vigne du Farinet» bei Saillon ist der kleinste Weinberg der Welt mit nur drei Rebstöcken. Alles beste Voraussetzungen für eine Rebberg-Wanderung auf dem Walliser Weinweg zwischen Martigny und Leuk.

9 Derborance – Bergsturzgebiet der Diablerets

Im Gebiet von Ardon blickt man gegen Norden durch das Tal der Lizerne zum Massiv der Diablerets mit dem Teufelskegel. Hinten im Talkessel liegt «Derborence» – dieser inspirierte den Schriftsteller C.F. Ramuz zu seinem gleichnamigen Erfolgsroman. Gewaltige Felsabbrüche waren es, die 1714 und 1749 die fruchtbare Alp überschütteten – war es das Werk der Diablerets-Teufel? Eine sehr schmale Bergstrasse (mit Postauto-Verbindung) führt hinein ins Tal zur eindrücklichen Landschaft.

10 Val d'Hérens, Grande Dixence und Erdpyramiden

Bei Sion zweigt eines der schönsten Walliser Bergtäler, das Val d'Hérens, gegen Süden ab. Evolène und Les Haudères sind Ferienorte mit gelebter Tradition. Im westlich davon gelegenen Seitental liegt der Dixence-Stausee mit der 285 Meter hohen, gewaltigen Gewichtsstaumauer. Wo die beiden Täler sich vereinen, bei Euseigne, stehen die markanten, steilen Erdpyramiden aus Moränenmaterial mit einem schützenden Felsbrocken oben auf der Spitze.

11 Sion/Sitten – Valère und Tourbillon

Den Walliser Kantonshauptort erkennt man an den beiden Hügeln Tourbillon und Valeria (Valère). Die möglicherweise älteste Stadt der Schweiz (Sion oder Chur, darüber wird gestritten...) besitzt einen hübschen Altstadtkern mit Strassencafés und Restaurants. Richtig berühmt ist aber in der Burgkirche Notre Dame de Valère die Schwalbennest-Orgel aus dem 15. Jahrhundert, vielleicht die älteste spielbare Orgel der Welt. Jeweils im Sommer spielen hier anlässlich des «Festival de l'orgue ancien» immer wieder weltberühmte Organisten.

Grimentz

Plaine Morte, Montana

Rue du Village, Grimentz

Leukerbad

Leukerbad Therme

Pfynwald

Pürumärt, Visp

12 Val d'Anniviers – mit Blick in die Hochalpen

Es folgt das nächste, vermutlich noch schönere Walliser Seitental, das Val d'Anniviers, zu Deutsch Eifischtal. Schon die gut ausgebaute Bergstrasse hoch über der Schlucht macht Freude. Und dann erst, wenn sich plötzlich die Schneeberge hinten im Tal zeigen. Der Besuch des Dorfes Grimentz bildet den Höhepunkt: Die autofreie Hauptgasse ist gesäumt von sonnenverbrannten Holzhäusern, geschmückt mit hunderten von tiefroten Geranien. Von St-Luc und Chandolin aus sieht man – niemand will es glauben – das Matterhorn!

13 Crans-Montana – Gletscherplateau Plaine Morte

Auf der gegenüberliegenden Rhonetalseite liegt der grosse Ferienort, bekannt durch seine Golfturniere und die unzähligen Mountainbike-Strecken. Mit Gondelbahn und Funitel erreicht man die Plaine Morte, das Gletscherplateau auf fast 3'000 m Höhe zwischen dem Walliser Rhonetal und dem Berner Simmental. Knapp eine halbe Stunde dauert die Fahrt ab Montana.

14 Pfynwald mit frei fliessender Rhone

Zwischen Sierre und Leuk überqueren wir die Sprachgrenze, ab jetzt wird wieder Deutsch gesprochen. Der Flussabschnitt hier ist der einzige, wo die Rhone nicht kanalisiert ist. Im Naturpark Pfynwald finden seltene Tiere wie Biber, Eisvogel und Flussregenpfeifer geradezu perfekte Lebensbedingungen. Am oberen Rand des Waldgebietes erkennt man den schroffen, gelblichen Einschnitt des Illgrabens, ein immer wieder «tobendes» Erosionsgebiet.

15 Leukerbad – Wellness pur

Einen Tag ausspannen? Vier Millionen Liter Wasser täglich sprudeln hier 51 Grad warm aus dem Berg. In öffentlichen und privaten Bädern lässt man sich's wohlergehen und blickt gelassen hinüber zu den senkrecht aufsteigenden Felswänden der Gemmi, dem Übergang ins Berner Oberland, nach Kandersteg. Ab Leuk fährt der öffentliche Bus nach Leukerbad.

16 Visp – umsteigen bitte

Der Bahnhof des stark von Industrie geprägten Ortes an der Mündung der Vispertäler (Zermatt und Saas Fee) wurde mit dem Lötschberg Basistunnels zum grossen Umsteigepunkt. Pendler, Feriengäste, Wanderer wechseln von einer Bahn zur anderen oder aufs Postauto. Ist jemand am Freitagnachmittag hier? Am Visper Pürumärt (Bauernmarkt) probiert man vor dem Wochenende Walliser Spezialitäten und kauft ein.

Stalden VS

Jungenbahn

Nikolaus Kirchturm

Bergsturz, Randa

Zug in Zermatt um 1930

Mit der Bahn von Visp nach Zermatt

Die Fahrt durch das tief eingeschnittene Tal bringt uns an den Fuss des Hochgebirges. 35 Bahnkilometer, sechs Zahnstangenrampen von maximal 12,5% Neigung, eine Höhendifferenz von 955 Meter, die Fahrdauer ist etwas mehr als eine Stunde. Weit rechts oben erblickt man die Gletscher am Weisshorn, links jene an der Mischabel. Nach vorne erkennt man bald einmal das Klein Matterhorn und das Walliser Breithorn.
Neben dem Personenverkehr hat die meterspurige Bergbahn grosse Bedeutung für die Versorgung von Zermatt mit Gütern. Die Strasse endet in Täsch, der letzten Station vor Zermatt, mit dem Auto anreisende Gäste steigen auf die Bahn (Shuttle-Verbindung) um.

17 Stalden – 29 Brücken über die Gräben

Saastal und Mattertal treffen sich hier, gegen rechts geht es nach Zermatt, links nach Saas-Fee. Zahlreiche Brücken belegen den regen Verkehr, der immer schon die Talseiten wechseln musste. Das neuste Bauwerk ist die 270 Meter lange, geschwungene Chinegga-Brücke, links unterhalb der Bahnlinie sichtbar. Von Stalden (Bahnhof) fährt eine Luftseilbahn über das Tal nach Staldenried und weiter nach Gspon.

18 St. Niklaus, Jungen – Mattertal

Hauptort im Mattertal (auch Nikolaital genannt) ist eigentlich St. Niklaus. Der grosse Zwiebelturm der Kirche wird im Advent als Nikolaus verkleidet – gemäss Eintrag im Guinness-Buch der Rekorde handelt es sich um die weltweit grösste Nikolaus-Figur. Rechts geht eine Kleinseilbahn steil hoch zum Weiler Jungen mit seiner Kapelle, Bergrestaurant und dem womöglich «schönsten Grillplatz der Schweiz».

19 Grossgufer – den Bergsturz umfahren

Das Tal der Mattervispa ist eng und steil. 1991 ereignete sich vor Randa ein grosser Felssturz, Felsblöcke so gross wie Einfamilienhäuser sind heute noch rechts zu sehen. Bahn und Strasse umfahren den riesigen Schuttkegel, wo Lärchen, die Pionierbäume der Alpen, gut ersichtlich das Terrain wieder zurückerobern.

20 Erste Touristen kommen nach Zermatt

Am Ende des schluchtartigen Mattertal gelegen, war Zermatt lange Zeit ein abgeschiedenes, vom Rhonetal aus unerschlossenes Bergdorf. Die frühen Bewohner betrieben mit den Nachbarn südlich der Monte Rosa Handel, gingen in Gressoney auf den Markt. Italienische Familiennamen sind noch heute bei Einhemischen anzutreffen. Mitte des 19. Jahrhunderts begaben sich erste Touristen auf den beschwerlichen Weg ins Matterhorn-Dorf. 1891 erfolgte die Eröffnung der Bahnlinie ab Visp, vorerst nur als Sommerbetrieb.

Gornergratbahn, Matterhorn

Bahn zum Klein Matterhorn

Matterhorn Museum

4'163 Meter hoch

Zermatt

Zermatt

Alles dreht sich ums Matterhorn

«s'Hore», der 4'478m hohe Berg hinten im Mattertal. Erstmals vor 150 Jahren bestiegen, zieht er auch heute pro Jahr mehrere Tausend Bergsteiger an, um die Besteigung zu wagen. Viele Besucher wollen das Matterhorn auch «nur» mal von der schönsten Seite mit dem kleinen Wölklein sehen... oder ein Selfie nach Hause schicken «ich und das Matterhorn».

Gornergrat – Blick zu Monte Rosa und Matterhorn

Vom Bahnhof Zermatt schiebt sich die Zahnradbahn in gut einer halben Stunde zum schönsten Beobachtungsposten inmitten der Monte-Rosa-Bergwelt. Ab Rotenboden (Gornergratbahn) lohnt sich der Abstieg zum Grat und dann zum Riffelsee. Weltbekannt ist – bei Windstille – die Matterhorn-Spiegelung im Bergsee. Die Wanderung weiter zur Station Riffelberg dauert weniger als eine Stunde.

Matterhorn glacier paradise – Klein Matterhorn

Ab Zermatt fährt die Gondelbahn ohne Umsteigen via Furi und Schwarzsee bis zur Station Trockener Steg. Dann gehts weiter mit der höchsten 3S Bahn der Welt zur Gipfelstation, zum Klein Matterhorn. Gipfellift zur Aussichtsplattform auf 3'883m Höhe, 38 Viertausender und 14 Gletscher, Eispalast, Schnee-Rutschbahn und Restaurant/Shop mit einfacher Bergsteiger Lodge sind die Angebote auf dem Erlebnis-Berg.

Breithorn – mein erster 4'000er

Einen Viertausender besteigen, zusammen mit einem Bergführer? Der Blick zum Breithorn ist imposant... von der Bergstation aus zum Greifen nah! Angeseilt und mit Steigeisen ausgerüstet geht es über das flache Breithornplateau, dann in einem grossen Zickzack zum Schneegrat. Die Luft wird dünn. Immer schön langsam. Nach zweieinhalb Stunden erreichen wir den 4'163 Meter hohen Gipfel. Gratulation!

Matterhorn Geschichte und Matterhorn Museum

Besucher tauchen ein in Zermatt, in die Bergwelt vergangener Jahrhunderte und in die Abenteuer am Matterhorn. Eine bilderstarke Welt voller unglaublicher Geschichten. Das Museum «Zermatlantis» berichtet über die wechselvolle Vergangenheit des weltberühmten Bergs, von seinem afrikanischen Ursprung über das Drama der Erstbesteigung bis heute.

Zermatt Tourismus – Bahnhofplatz 5 – 3920 Zermatt
+41 (0)27 966 81 00 – www.zermatt.ch

Hinterdorf, Zermatt

Grindjesee, Seenwanderung

Hängebrücke zum Dossen

Gornerschlucht

Glacier Trail

Gebiet Trift

Die Walser – gebirgsgewohnte Auswanderer

Vor gut 1'000 Jahren wurden Gebiete im Oberwallis von alemannischen Volksgruppen besiedelt. Der Wille, den Hof stets ungeteilt einem einzigen Nachfolger zu übergeben, zwang folgende Generationen zum Auswandern – die Gebirgserfahrung ermöglichte die Gründung neuer Kolonien in zuvor kaum genutzten Höhenlagen. Ob südlich der Monte Rosa, in Tessiner Tälern, in Graubünden, im Vorarlberg – stets liessen sich die nunmehr Walser genannten Bauern ihre Siedlerrechte von Feudalherren und Klöstern durch vererbbare Lehensverträge bestätigen.

Seenwanderungen im Tal des Findelgletschers

Die Matterhorn-Bergpyramide hat von hier aus die perfekte Form – sagt man. Attraktive Wanderungen führen ab Blauherd ins Tal des Findelgletschers, zum Stellisee, weiter zu Taugwalders Bergrestaurant Fluhalp, zum Grindjesee und zum Grüensee. Von hier aus gehts weiter via Moosjesee und Leisee hinauf zur Sunegga oder auf dem ebenen Weg zur Riffelalp an der Gornergratbahn.

Glacier Trail – nahe dran, am Matterhorn

Der Berg fasziniert – nicht nur Edward Whymper, der das «Hore» 1865 als erster bezwang. Bergwanderer begeben sich auf den eindrucksvollen «Matterhorn Glacier Trail», ein alpiner Themenweg vom Trockenen Steg zurück zum Schwarzsee, gerade unter der Matterhorn Ostwand. Nicht verpassen: Die Spiegelung des Matterhorns in einem der Gletscherrandseen.

Gletschergarten Dossen und Gornerschlucht

Über die Hängebrücke hinter dem Furi erreicht man bequem den Gletschergarten. Die eindrücklichen Gletschertöpfe entstanden durch die Arbeit des Schmelzwassers unter dem Eis. Weiter unten tauchen wir dann auf Holzstegen tief ein in die Welt der Urgewalten. Unter dem eiszeitlichen Gletscher und bis heute arbeitet das Fliesswasser an der Gornerschlucht.

Höhbalmen – Edelweissweg zum Fotopoint

Einmal im Leben Edelweiss auf Augenhöhe sehen! Hier wird der Traum wahr. Die gut siebenstündige, sehr anstrengende Wanderung beginnt mitten im Dorf, mit steilem Aufstieg zum Berggasthaus Trift und dann zum schönsten Panorama-Aussichtspunkt, der Anhöhe Höhbalmen: vom Matterhorn über das Monte-Rosa-Massiv bis zur Mischabel. Ohne weitere Steigung geht es weiter und dann via Zmutt zurück nach Zermatt.

Wasserleitungen, Grächen

Gebiet Moosalp

Hohsaas

Mittelallalin, Saas-Fee

Ausflüge Mattertal und Saastal

Touristisch Konkurrenten – für Besucher abwechslungsreich
Beide Alpentäler führen mitten ins Hochgebirge. Bedeutende Namen wie Weisshorn, Matterhorn, Monte Rosa, Mischabel und Weissmies präsentieren sich immer wieder majestätisch – total 38 Viertausender, die grösste Konzentration an hohen Bergen in den Alpen. Vielfältig sind denn auch die Aussichtspunkte in beiden Tälern, oft erreichbar mit Bergbahnen oder auf attraktiven Höhenwanderungen.

21 Grächen – der Familienort im Mattertal

Eggeri, Bineri, Chilcheri und Drieri heissen die vier Suonen (offene Bewässerungskanäle) im Wald über dem Ort auf der sonnenverwöhnten Terrasse. Wegen des geringen Niederschlages musste man seit jeher Wasser vom Riedgletscher auf die Wiesen in Dorfnähe führen. Die Wege entlang der Wasserleitungen sind heute Eldorado für Spaziergänger und Kinder, die ihrem Baumrinden-Schiffchen aufmerksam folgen wollen.

22 Moosalp und Törbel – hoch über dem Alltag

Das Hochplateau zwischen Mattertal und Rhonetal, umgeben von den Dörfern Zeneggen, Bürchen und Törbel, ist ein Geheimtipp für Wanderungen und idyllische Picknickplätze, aber auch als Ausgangspunkt für Bergwanderer, zum Augstbordhorn beispielsweise. Das Gebiet Moosalp ist im Sommer mit einem Bus erschlossen. «Urchigs Terbil» sind acht alte Walliser Häuser in Törbel, sie widerspiegeln die verschiedensten Bereiche des einstigen Lebensalltags im Walliser Bergdorf – ein echtes Freilichtmuseum.

23 Weg der 18 Viertausender hoch über Saas-Grund

Auf dem 1,2 km langen Rundweg ab Hohsaas erfährt man kurz und prägnant Eigenheiten der hohen Gipfel. Neben skulpturalen Umrissen der Berge und Informationstafeln gibt es das Wunsch-Steinmännchen: ein mit persönlichem Wunsch versehener Stein wird auf den bereits bestehenden Steinhaufen gelegt – fast wie am Trevi-Brunnen in Rom.

24 Saas-Fee – Gletschererlebnis Mittelallalin

In der höchstgelegenen Metro-Standseilbahn fährt man zum welthöchsten Drehrestaurant mitten in der Schnee- und Gletscherwelt. Auch hier besteigen viele ihren ersten Viertausender, das Allalinhorn auf 4'027 Meter Höhe. Andere steigen ganz einfach hinab in den 5'500 m^3 grossen Eispavillon oder lassen im Drehrestaurant bei chilliger Musik in einer Stunde die umliegende Bergwelt der majestätischen Mischabelgruppe vorbeiziehen.

Oberhalb Andermatt

Zermatt – St. Moritz

Seit 1930 unterwegs, begeistert der moderne «Glacier Express» die Reisenden während acht Stunden mit landschaftlichen Reizen, freier Sicht auf die Berglandschaft, bahntechnischen Meisterleistungen und einem frisch zubereiteten Essen am Sitzplatz.

Zermatt – St. Moritz

Die «Glacier Express» Strecke

Der «langsamste Schnellzug der Welt», verbindet das Matterhorn-Dorf via Brig, Goms, Andermatt, Oberalppass, Disentis, Chur und die Albulastrecke mit dem Oberengadin. Über 291 Brücken und durch 91 Tunnel durchquert der Glacier Express die drei Bergkantone Wallis, Uri und Graubünden. Die Matterhorn Gotthard Bahn (MGB) und die Rhätische Bahn (RhB) teilen sich den Betrieb, nach dem 2'033 Meter hohen Oberalppass werden in Disentis die mit Zahnrad bestückte Lokomotive und die Mannschaft ausgewechselt, die Wagen laufen durchgehend.

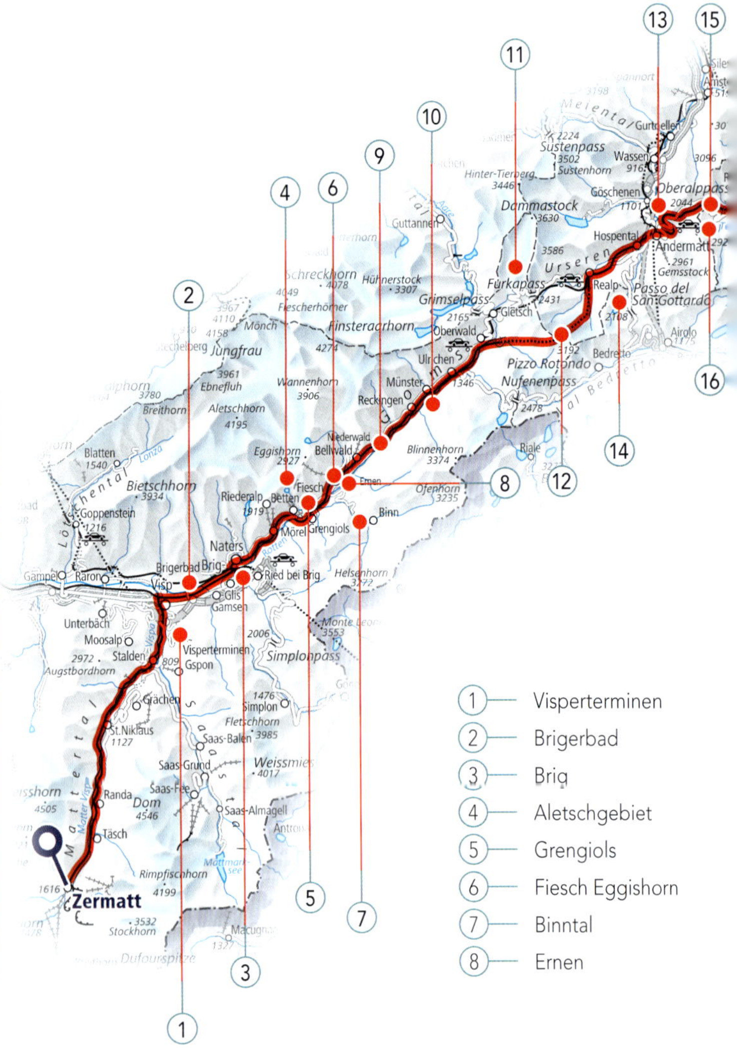

1 Visperterminen
2 Brigerbad
3 Brig
4 Aletschgebiet
5 Grengiols
6 Fiesch Eggishorn
7 Binntal
8 Ernen

St.Moritz
Chur
Domat/Ems
Reichenau
Bonaduz
Thusis
Fürstenau
Tiefencastel
Filisur
Bergün/Bravuogn
Albulapass
Samedan
Pontresina
Zuoz
Davos-Platz
Arosa
Flims
Laax
Ilanz
Trun
Sumvitg
Julierpass
Silvaplana
Piz Nair
Piz Bernina
Muottas Muragl
Diavolezza
9 Niederwald
10 Goms
11 Rhonegletscher
12 Furkatunnel
13 Andermatt (Schöllenen)
14 Gotthardpass
15 Oberalppass
16 Tomasee, Rheinquelle
17 Disentis
18 Rheinschlucht
19 Reichenau
20 Domat/Ems
21 Chur
22 Domleschg, Thusis
23 Schinschlucht
24 Parc Ela / Landwasserviadukt
25 Albula
26 Val Bever
27 Piz Nair
28 St. Moritz , Oberengadin
29 Muottas Muragl
30 Diavolezza
31 Zuoz
32 Engadin

Glacier Express im Goms

Reiseinformationen und Tipps

Berg-Liebhaber verabschieden sich ungerne vom Matterhorn, erkennen aber auf der Fahrt durch das Mattertal dank der dachhohen Fenster noch lange die Gipfel von Monte Rosa, Mischabel und Weisshorn. Später können sich die Fahrgäste kaum sattsehen an den lieblichen Landschaften im Goms und in der Surselva. Bahn-Interessierte und Fotografen ihrerseits staunen, wie sich der Zug zum Oberalppass hochschraubt. Nach einem Zwischenhalt in Chur folgt die nicht minder attraktive Unesco Welterbe-Strecke ins Engadin – mit dem Landwasser-Viadukt und der Albulastrecke als weitere Höhepunkte.

Im langsamsten Schnellzug die Schweiz durchqueren

Täglich verkehren mehrere Glacier Express Züge von Zermatt nach St. Moritz, je nach Saison. Der Premium Panoramazug hält nur an wenigen Stationen, er verkehrt ohne Halt von Zermatt nach Brig, von da nach Andermatt und von Disentis direkt nach Chur.
Die Reisezeiten sind: nach Brig 80 Minuten, weiter nach Andermatt 90 Minuten, dann nach Chur zweieinhalb Stunden und weiter nach St. Moritz nochmals zwei Stunden. Die Reise mit dem Glacier Express ist eine Tagesreise, die erste Komposition erreicht St. Moritz von Zermatt kommend nach 16.30 Uhr.

Angebot im Panoramazug und Verpflegung

Es gibt Panoramawagen in der 1. und 2. Klasse sowie in der «Excellence Class». Alle Plätze haben Tische und dachhohe Panoramafenster. Informationen über den Reiseverlauf und viele geografische, landschaftliche, kulturelle und technische Sehenswürdigkeiten erfolgen via on Board Infotainment System (Kopfhörer), das ebenso wie die Informationsbroschüren kostenfrei zur Verfügung gestellt wird. An den Bahnhöfen Zermatt, Andermatt und St. Moritz gibt es gegen Vorweisen der Fahrkarte die «Glacier Express-Urkunde».
Das Mittagessen wird am Sitzplatz serviert, zur Auswahl stehen unter anderem ein 2- oder 3-Gang Menü, Tagesteller oder à la Carte Bestellungen. In der Excellence Class wird den Gästen ein köstliches 6-Gang Menü inklusive Weinbegleitung serviert (im Zuschlag inbegriffen).

Fahrscheine / Reservation

Auf dem Glacier Express sind alle Fahrausweise des Schweizerischen Bahnverkehrs gültig. Zum Fahrticket ist ein Zuschlag in Form einer Sitzplatzreservation für alle Personen pro Fahrtrichtung obligatorisch. Für die Excellence Class braucht es ein Ticket 1. Klasse plus den speziellen Zuschlag. Gäste der 1. und 2. Klasse buchen das Mittagessen optional dazu. Da in allen Wagen der Service «Essen am Platz» angeboten wird, können Tiere im Panoramazug nicht mitgenommen werden.

Individuelle Gestaltung der Reise / Alternativen

Mit dem Glacier Express können auch Teilstrecken gefahren werden, so Zermatt–Brig, Brig–Andermatt, Andermatt–Chur oder Chur–St. Moritz... obschon das «Gesamterlebnis» auf dem Panoramazug eigentlich das Besondere ist. Für Aufenthalte unterwegs, zum Beispiel im Goms oder in der Surselva, wird das Benutzen der Regionalzüge empfohlen. Ab Chur fahren direkte Züge des «Bernina Express» nach Tirano. Wer vom Glacier Express aus nach Davos reisen möchte, nimmt ab Filisur den Regionalzug durch die imposante Zügenschlucht.

Gut zu wissen

Die Excellence Class mit dem persönlicher Concierge Service ist ein exklusives touristisches Highlight und die luxuriöse Art, Bahn zu fahren. Im umgebauten Wagen gibt es verstellbare Loungebestuhlung, ein Welcome Desk beim Check-In, ein eigenes Tablet mit digitalem Infotainment und Kopfhörer sowie Unterstützung beim Gepäcktransport. Die Gäste der Excellence Class werden verwöhnt mit einer Auswahl an Apéros, einem regionalen 6-Gänge-Menü inklusive Weinbegleitung sowie Getränken und Snacks an der exklusiven Glacier Bar im Wagen.

www.glacierexpress.ch

Rebberge von Visperterminen

Brigerbad

Stockalperschloss, Brig

Brig, Bahnhofplatz

Arkadenhof Stockalperschloss

Zurück ins Rhonetal und nach Brig

Die Fahrt mit dem «Glacier Express» ab Zermatt bis Brig dauert 1h18 (zuschlagspflichtig). Achtung: der Glacier Express fährt ohne Halt bis Brig; wer in Visp zu- oder aussteigen will, nimmt den Regionalzug RE, der an Stationen unterwegs teils nur «auf Verlangen» anhält.
Streckenbeschrieb Zermatt–Visp: Etappe «Montreux – Zermatt», Seite 67

1 Visperterminen – höchtgelegener Weinberg

«Heida» heisst er, der fruchtig-würzige Weisswein vom höchstgelegenen Rebberg der Alpen. Mehr erfährt man bei der Degustation in der St. Jodern Kellerei auf halbem Weg zwischen Visp und Visperterminen oder auf dem Reblehrpfad.

2 Brigerbad – Badevergnügen mitten im Rhonetal

Die Thermalquelle zwischen Brig und Visp kannten bereits die Römer, fünfzig Liter Wasser sprudeln pro Sekunde aus dem Boden. Im Flussbad lässt man sich von der Strömung treiben, und auf die Action-Liebhaber wartet die längste alpine Thermalwasser-Rutschbahn Europas – ein 182 Meter langer Badespass.

3 Stockalperschloss – das Wahrzeichen von Brig

«König des Simplons» wurde Kaspar Stockalper (1609 – 91) auch genannt. Der Kaufmann, Bankier, Grossunternehmer, Militär und Politiker baute von 1651 bis 1671 den Palast, den grössten privaten Bau des 17. Jahrhunderts in der Schweiz. Der eindrucksvolle Innenhof und der Schlossgarten sind öffentlich zugänglich, durch die Säle des Palastes gibt es Führungen.

Der Bahnhof Brig

1874 erhielt Brig den Bahnanschluss nach Westen durch das Rhonetal, 1906 durch den Simplontunnel nach Italien, 1913 durch den Lötschbergtunnel nach Bern und 1926 kam die Furka-Oberalp-Bahn. Dem 1877 erbauten Bahnhof folgte bald ein Neubau, der auch als Güter- und Grenzbahnhof mit Zollinspektorat diente. Bis zur Eröffnung des Lötschberg Basistunnels 2007 war Brig Umsteigebahnhof für Passagiere aus der Nordschweiz in Richtung Zermatt und Saas-Fee, heute ist dies Visp.
Der Glacier Express und alle Züge der Matterhorn-Gotthard-Bahn halten auf dem Bahnhofplatz Brig, vor dem Bahnhofgebäude von 1906.

Brig Simplon Tourismus – Bahnhofstrasse 2 – 3900 Brig
+41 (0)27 921 60 30 – www.brig-simplon.ch

Grosser Aletschgletscher

... vom Aletschgrat aus

Geisspfad, Binntal

Kehrtunnel Grengiols

Fürgangen–Ernen

Neuer Bahnhof Fiesch

Zwischen Brig und Fiesch – das Aletschgebiet

Der Glacier Express verlässt nach dem Bahnhofplatz Brig das recht breite Tal. Die Rhone heisst ab hier bei den Einheimischen klar «der Rotten» oder in Oberwalliser Mundart «Rottu».

4 Besuchenswertes Aletschgebiet

Vom Tal fahren mehrere Seilbahnen zu den bekannten Ferienorten Rieder-, Bettmer- und Fiescheralp. Hinter dem Aletschwald mit den knorrigen Arven liegt eines der schönsten Ausflugsziele im Wallis – der Grosse Aletschgletscher. Aletschwald, Bettmerhorn, Eggishorn und Märjelensee sind weitere, unübertroffene Highlights. «Jungfrau-Aletsch» wurde 2001 zum ersten alpinen Unesco-Weltnaturerbe gekürt, es erstreckt sich von der Grimsel bis nach Kandersteg.

5 Kehrtunnel zwischen Grengiols und Lax

Achtung: Kurz nach der Station Grengiols überquert die Matterhorn Gotthard Bahn den Rotten und verschwindet gleich anschliessend im Berg... um nach weniger als einer Minute Fahrzeit 50m weiter oben wieder zu erscheinen – der einzige Kehrtunnel dieser Bahngesellschaft, eine der drei Zahnstangenabschnitte im Goms, mit einer Steigung von 9%.

6 Der neue Bahnhof Fiesch – direkt ins Welterbe

Matterhorn Gotthard Bahn, Postauto und gleich über den Bahngleisen die Seilbahnstation zur Fiescheralp und weiter zum Eggishorn mit Blick zum Aletschgletscher – kürzere Umsteigewege gibt es nicht.

7 Binntal – das «Tal der verborgenen Schätze»

Bekannt für den Mineralienreichtum – doch auch Dörfer und Weiler mit den sonnengebräunten Häusern sind derart gut erhalten, dass sie als Ortsbilder von nationaler Bedeutung gelten. Die Twingi-Schlucht, das Dorf Schmidigehischere und das historische Hotel Ofenhorn sind ein Abstecher nach Binn wert. Das Binntal ist ein Regionaler Naturpark.

8 Hängebrücke nach Ernen

In 92 Metern Höhe schwebt die Fussgängerverbindung von Fürgangen über die junge Rhone. Ein Wanderweg führt nach Ernen, wo am historischen Dorfplatz die wohl ältesten Tell-Fresken mit Apfelschuss und Rütlischwur zu sehen sind.

Aletsch Arena – Furkastrasse 39 – 3983 Mörel
+41 (0)27 928 58 58 – www.aletscharena.ch

Ritzinger Feldkapelle, Gluringen

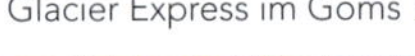
Glacier Express im Goms

Roggenäcker Obergoms

Gletsch

Furka-Basistunnel, Oberwald

Zerm

Goms – weite Landschaften zum Verlieben

Immer in die gleiche Richtung zieht der Zug weiter durch das 17 Kilometer lange Längstal zwischen Niederwald und Oberwald. Der Rhonegletscher hat diese Landschaft während der Eiszeit «ausgehobelt» und geprägt. Der Glacier Express hält im Goms nicht an (ohne Halt von Brig bis Andermatt), wer sich hier etwas umsehen möchte, nimmt den Regionalzug.

9 Spitzengastronomie, Riverrafting und Skilanglauf

Aus dem Dorf Niederwald stammt Cäsar Ritz, der «König der Hoteliers» und «Hotelier der Könige». Der Bauernsohn ist Urvater der anspruchsvollen Hotellerie und Gründer der Ritz-Carlton-Hotels. Nicht selten findet man im Goms auf der Menükarte denn auch spezielle Ritz-Menüs.

Die Weite des Tales eignet sich in der warmen Jahreszeit ausgezeichnet für eine Fahrt mit dem Schlauchboot oder eine Wanderung auf dem Gommer Höhenweg... und im Winter fürs Langlaufen – den Gast erwarten über 100 Kilometer perfekt präparierte Loipen (Klassisch und Skating).

10 Alte Traditionen im Obergoms – Roggenbrot

Früh schon war das offene Gebiet dauerhaft besiedelt, aus Obwalden und dem Haslital kamen später Einwanderer. Wie einst bauen heute engagierte Bauern Roggen an und pflegen in traditioneller Art und Weise auch den Anbau von Kartoffeln – die kleinen Äcker sind links am Hangfuss zu erkennen.

11 Der Rhonegletscher gab dem Zug den Namen

Vor 10'000 Jahren reichte der Rhonegletscher noch bis Oberwald. Und vor 150 Jahren befürchtete man zeitweise, dass die Eismassen die Fenster des Grand Hotel Glacier du Rhône in Gletsch eindrücken könnten. Von 1926 bis 1981 fuhr der Glacier Express hinauf nach Gletsch und weiter oben durch den Furka-Scheiteltunnel auf 2'162 m ü.M. Die Bergstrecke von Oberwald nach Realp war nur im Sommer in Betrieb und gab dem Zug auch den Namen, da man hier vom Eisenbahnwagen aus den Rhonegletscher (Glacier) bestens sehen konnte.

12 15.38 Kilometer – von Oberwald direkt nach Realp

Der Furka-Basistunnel, 1982 eröffnet, ermöglicht den ganzjährigen Bahnbetrieb und den Autoverlad auf dieser Strecke (Pässe im Winter geschlossen). Früher mussten auf der Bergstrecke Teile der Oberleitung und Brücken jeweils demontiert und nach der Winterpause neu aufgebaut werden.

Die «Dampfbahn Furka-Bergstrecke» fährt heute mit nostalgischen Dampflokomotiven und original restaurierten Personenwagen im Sommer auf den Zahnstangenabschnitten des einstigen Glacier Express.

Schöllenenschlucht

... mit Schöllenenbahn

Alte Strasse am Gotthardpass

Wanderung Schneehüenerstock

Andermatt, Urserental

Andermatt – einst typisches Passdorf

Hier kommen die Pass-Verkehrswege Furka, Gotthard und Oberalp zusammen. Die Natursteinpflästerung mit eingelegten Fahrspuren aus Granitplatten sind denn auch typisch für den alten Dorfkern von Andermatt – da verkehrten früher Postkutschen und Fuhrwerke. Neue Bauten des Investors Samih Sawiris bilden dazu markante Kontraste. «Ursern» heisst die Talschaft, was darauf hinweist, dass die Bindung zum romanischen Sprachgebiet am Vorderrhein stärker war als hinunter ins Reusstal.

13 Schöllenen – Schlucht von historischer Bedeutung

Nur mit Hilfe des Teufels war es einst möglich, eine Brücke zu bauen und den Passweg ins Unterland zu öffnen. Vor über 200 Jahren, im Zweiten Koalitionskrieg, kämpften hier dann Franzosen gegen Russen. An die Gefallenen erinnert das in den Fels gemeisselte Suworow-Denkmal in der Schlucht.

Die vier Kilometer lange Schöllenenbahn verbindet als Zweigstrecke Göschenen an der Gotthard-Bergstrecke mit dem Glacier Express in Andermatt.

14 Gotthardpass – längstes Baudenkmal der Schweiz

Selbst die Römer wichen der gewaltigen Masse des Gotthards aus. Der Aufschwung dieses Passes begann erst um 1200 mit der Erschliessung der Schöllenenschlucht zwischen Göschenen und Andermatt. Heute ist der Gotthardpass wichtigste Nord-Süd-Verbindung mit zwei Bahnlinien und Autobahn – über den Pass fahren Geniesser und Pass-Interessierte.

Im Sommer Postauto-Verbindung von Andermatt nach Airolo.

15 Panoramawanderung vom Schneehüenerstock aus

Vom Oberalppass fährt die Gondelbahn zur auch für Familien geeigneten Wanderung mit Aussicht zuerst Richtung Graubünden, dann zum Gotthard und ins Urner Urserental. Der glasklare Lutersee lädt zum Baden und Verweilen. Früher war der Name «Gütsch» geheim, es war die höchstgelegene Militärfestung Europas auf 2'300 m. Heute bringt uns der «Gütsch-Express» friedlich zurück nach Andermatt.

Bergfahrt vom Kanton Uri Richtung Graubünden

Vom Bahnhof Andermatt windet sich der Panoramazug 600 Meter in die Höhe via Nätschen zum Oberalppass – mit Hilfe von vier grossen Schlaufen, Kehrtunnels und Zahnradstrecken. Eindrücklich sind die Tiefblicke, einmal links, dann wieder rechts, zurück ins Urserental und zum Furkapass. Der Glacier Express erreicht hier mit 2'033 m ü.M. seinen höchsten Punkt auf der Reise von St. Moritz nach Zermatt.

Tomasee, Quelle des Rheins

Benediktinerkloster Disentis

Tenna, Safiental

Glacier Express

Safier Heimatmuseum Camana

... in der Rheinschlucht

Vom Oberalppass zur Rheinschlucht

Der Blick auf die Karte zeigt: Wir fahren seit Martigny immer in etwa dieselbe Richtung, jetzt durch das Tal des Voderrheins, die Surselva. Im Goms waren wir im Einzugsgebiet der Rhone, in Andermatt an der Reuss, und nun am Rhein, der im Schweizerischen Koblenz das Wasser der Reuss aufnehmen wird.
800 Meter unter Sedrun verläuft der längste Eisenbahntunnel der Welt, der 57 Kilometer lange Gotthard-Basistunnel (Seite 129).

16 Die Quelle des Rheins am Oberalppass

Nur hier kann der vier Länder durchfliessende Strom noch mit einem einzigen Schritt überquert werden. Eine schöne Wanderung gibt es, zuerst fast höhenparallel über dem Tal Richtung Süden und dann 350m hinauf zum Tomasee – der verträumte Bergsee wird als Quelle des Rheins angesehen.

17 Grosses Benediktinerkloster im Bergdorf Disentis

Um das Jahr 700 gegründet, präsentiert sich der mächtige Bau heute im Zustand des späten 17. Jahrhunderts. Die zweitürmige Kirche wurde zwischen 1696 und 1712 im Vorarlberger Barock errichtet. Die wichtigste Tätigkeit neben dem monastischen Leben ist das Gymnasium. Mit dem Neubau des Mädcheninternates setzte das Kloster ein Zeichen zwischen Tradition und Moderne.

Ab Disentis befindet sich der Glacier Express im «Hoheitsgebiet» der Rhätischen Bahn RhB. Da diese im ganzen Kanton Graubünden ohne Zahradstrecken auskommt, und wegen unterschiedlichem Stromabnehmer-System werden hier die Zugfahrzeuge ausgewechselt. Die Panoramawagen in einheitlichem Design sind übrigens hälftig als «RhB» und «MGB» bezeichnet.

Walser in Graubünden – iischi Hiischer

Vor 700 Jahren rückten deutschsprachige Siedler aus dem Wallis zuerst gegen Süden, dann wieder zurück nach Norden und Osten. So besiedelten sie die Gebiete von Obersaxen, Hinterrhein, Valser- und Safiental sowie Teile in der Landschaft Davos und im Prättigau. Sie waren Bauern auf höher gelegenen Alpen, doch auch im Transportwesen sehr aktiv. Die Verständigung mit der romanisch sprechenden Bevölkerung war nicht immer einfach.

18 Spektakuläre Bahnfahrt durch die Rheinschlucht

«Ruinaulta» – auch «Grand Canyon der Schweiz» genannt. Bizarre, hohe Gesteinsformationen schaffen eine mystische Atmosphäre. Nach Rückzug der eiszeitlichen Gletscher stürzten bei Flims zehn Kubikkilometer Felsmassen zu Tale und stauten den Rhein im Gebiet von Ilanz. Nur die Rhätische Bahn fährt durch die Schlucht, Abenteurer begeben sich auf eine River-Rafting Tour.

Rheinzusammenfluss bei Reichenau

Toma-Landschaft Domat/Ems

Chur

Schloss Ortenstein, Domleschg

Capuns

Rheinschlucht – Chur – Thusis

Nach Verlassen der Rheinschlucht wird das Tal gleich breiter – kein Wunder, denn ab Reichenau sind Vorder- und Hinterrhein vereint. Der Glacier Express könnte an der Station Reichenau-Tamins gleich wenden und entlang dem Hinterrhein südwärts abbiegen. Aus logistischen Gründen fahren wir jedoch zuerst in die Kantonshauptstadt Chur.

Vorderrhein und Hinterrhein vereinen sich

19

Die beiden Bahnlinien vom Oberalppass und jene aus dem Engadin treffen sich bei Reichenau und überqueren den allerletzten Abschnitt des Hinterrheins auf der historischen Fachwerkbrücke rsp. einer ganz neuen Stahlbrücke. Von der Quelle bis hierhin legt der Vorderrhein 72 Kilometer zurück, der Hinterrhein 65 Kilometer. Gemeinsam machen sie sich via Bodensee und Basel auf den Weg 1'160 Kilometer nach Rotterdam.

Toma-Landschaft bei Domat/Ems

20

Eine ganz besondere Landschaft präsentiert sich gleich nach dem Rhein-Zusammenfluss. Die zwölf, teils kreisrunden und bis zu 75 Meter hohen «Tumas» (Tomas) heben sich markant von der Ebene ab. Es handelt sich um Bergsturzrelikte vom Calanda, aus der gleichen Zeit wie der Flimser Bergsturz, und nicht wie früher angenommen um Moränenablagerungen.

Die Alpenstadt Chur

21

Eigenwillig, voller Kuriositäten und Geschichten vereint die Hauptstadt Graubündens historische Zeugen und modernes Leben mit lässigen Bars und vielfältigen Ladengeschäften. Den schönsten Blick auf die charmante, lebendige Altstadt hat man vom bischöflichen Hof aus (siehe auch Seite 183).

Domleschg

22

Das Tal des Hinterrheins zwischen Reichenau und Thusis wird geprägt von den vielen Schlössern und Burgruinen auf markanten Felsen. Rechts oben (Fahrtrichtung) liegen die Dörfer des Heinzenbergs und um den Piz Beverin breitet sich der grosse Naturpark mit gleichem Namen aus.

Capuns – Bündner Spezialität und Lieblingsspeise

Man sagt, Rezepte gibt es im Bündnerland so viele wie Grossmütter... Ein Spätzleteig mit Kräutern, angereichert mit Trockenfleisch- oder Salsiz-Würfelchen, eingewickelt in Mangoldblätter, gratiniert mit Käse und Rahm. Guten Appetit!

Solisbrücke, 89 Meter hoch, 164 Meter lang

Landwasserviadukt

Bau Albulatunnel um 1900

Hinauf zum Albulatunnel

Val Bever, Engadin

Albulastrecke Thusis – St. Moritz

Hier schlängelt sich der Glacier Express dank Kunstbauten, Viadukten und Kehrtunnels durch das Gebirge – Landschaft und Eisenbahn verschmelzen. Vor über hundert Jahres entstand dieses bahntechnische Meisterwerk, seit 2008 ist es Teil des Unesco Welterbes.

23 Schinschlucht mit imposantem Solisviadukt

Bei Thusis kommt der Hinterrhein aus der Viamala, jener Schlucht vor der sich Säumer jahrhunderte lang fürchteten. Der Zug wendet sich gegen links, folgt dem Flusslauf der Albula ebenfalls in eine wilde Schlucht, die Schin. Als Höhepunkt überqueren wir das 1902 erbaute Solisviadukt, in 89 Metern Höhe – die höchste Brücke der RhB.

24 Natur im Parc Ela und das Landwasserviadukt

Zwischen Solisviadukt und Albulatunnel fährt die Bahn durch den grössten Naturpark der Schweiz, den Parc Ela. Vor Filisur stehen alle am Fenster (rechts): Das 65 Meter hohe und 136 Meter lange Landwasserviadukt, in Naturstein gebaut, führt in kühnem Schwung über das von Davos kommende Landwassertal und verschwindet direkt im Tunnel in der senkrechten Felswand. Spektakulär! Nicht nur für Eisenbahnfans.

25 Filmreif schrauben sich die roten Wagen den Berg hinauf

416 Höhenmeter sind es von Bergün nach Preda. Die Bahn verschwindet dabei immer wieder in Kehrtunnels, um wenig später an einem anderen Ort zu erscheinen. Vier mal wird das Tal gequert. Bahnreisende aus dem Flachland haben hier auch schon mal die Orientierung verloren. Die Linienführung musste auf die doppelte Distanz verlängert werden, damit sich die Steigung verringert – bis zu 35 Promille werden ohne Zahnstange gemeistert.
Wer mehr über die berühmte Bahnlinie erfahren will, besucht das Bahnmuseum in Bergün, wo auch die legendäre Lokomotive, das «Krokodil» steht.

Der historische Albulatunnel – Bau des neuen Tunnels

In nur fünf Jahren Bauzeit wurde von 1898 bis 1903 die 5'864 Meter lange Röhre durch den Berg getrieben – eine ingenieurstechnische Meisterleistung. Wie die Mineure den Tunnel mit Pickel und Schaufeln aushoben, wäre heute unvorstellbar. 2025 steht der neue, moderne Albulatunnel der RhB in Betrieb, der alte Tunnel wird zum Sicherheitsstollen ausgebaut.

26 Spinas – Ankunft im Val Bever

Von Chur zum Albulatunnel steigt die Bahn 1'200 Meter... nach dem Tunnel geht es vom kleinen Weiler Spinas nur unwesentlich hinunter. Das Engadin ist ein Hochtal

Piz Nair, St. Moritz

Stazersee

St. Moritzersee

Segantini Museum

Badeseen um St. Moritz

Giovanni Segantini, Maler

St. Moritz

Hier vereinen sich Glamour, Lifestyle, Sport und wilde Natur
Elegant und exklusiv, mit einem kosmopolitischen Ambiente. Der Name des Ortes war (und ist) so gefragt, dass er als Marke eingetragen und international geschützt ist. In der Oberengadiner Seenlandschaft scheint die Sonne an überdurchschnittlich vielen Tagen, und die Ferienaktivitäten sind breit wie kaum anderswo, vom Wassersport über Wandern und Biken bis zu Shopping und gut Essen. Der Ort verdankt seine Bedeutung ursprünglich den heilenden Quellen, die den Ursprung der St. Moritzer Spa- und Bädertradition bilden.

Piz Nair – 10'000 Fuss über Meer

27 Auf dem Gipfel thront er, der stattliche Steinbock der Künstlerin Rosemarie Roth-Grieder. Mit der Standseilbahn Chantarella-Corviglia geht es vom Dorfzentrum (Schulhausplatz) auf den Hausberg von St. Moritz, zum Gipfel weiter mit der Luftseilbahn. Das Gebiet wurde in den letzten Jahren zum Eldorado für downhill-begeisterte Montainbike-Fahrer.

Spazierwege um den St. Moritzersee

Rundhöcker und Moorgebiete – die Landschaft zwischen St. Moritz und Pontresina wurde vom eiszeitlichen Gletscher geschaffen, Lärchen, Bergföhren und Arven spenden überall Schatten für gemütliche Wanderungen um den See und durch den Stazerwald. Am Stazersee darf gebadet werden und im nördlichen Waldteil, Richtung Celerina gibt es Barfusstrails für entspannende Erlebnisse mit vielen Sinneseindrücken.

Giovanni Segantini – Werke im Museum St. Moritz

Der Alpenmaler Segantini entdeckte mit seinem geschärften Blick für schöne Landschaften und einzigartige Lichtverhältnisse diesen Flecken Erde – das Oberengadin. Im Museum, das in seiner Architektur an ein Mausoleum erinnert, sind Meisterwerke wie «Ave Maria bei der Überfahrt» zu sehen. «Werden - Sein - Vergehen», das berühmte Alpentriptychon, steht im Zentrum der Ausstellung.

Baden in den versteckten Oberengadiner Waldseen

Zwischen Silvaplana und Pontresina verstecken sich im Wald mehrere Moos-Seen. Sie werden im Sommer zu beliebten Badeseen: Lej Marsch ist der beliebteste unter ihnen, und der nur zu Fuss erreichbare Lej Nair gilt als Geheimtipp für romantische Baderatten. Direkt am Lej da Staz gibt's im gemütlichen Restaurant typische regionale Gerichte.

Engadin St. Moritz Tourismus – Via Maistra 1 – 7500 St. Moritz
+41 (0)81 830 00 01 – www.engadin.ch

Corvatsch-Bahn, Silsersee

Muottas Muragl

Diavolezza, Piz Palü

Zuoz

Inn-Radweg

Ausflüge im Engadin

Eine Gebirgslandschaft zum Verweilen und Geniessen
Zwischen Unterengadin und Malojapass liegt das Paradies für Sportler und Abenteurer, ein Tal mit echter Natur und voller kultureller Schätze.

Ferienparadies auf 1'800 Meter über Meer

28 Die Oberengadiner Seen sind landschaftlich reizvoll – auch hier sollte man länger bleiben, den Malojawind als Surfer nutzen, mit dem Kursschiff zur Halbinsel Chastè fahren, wo Friedrich Nietzsche sein Hauptwerk schrieb: «Also sprach Zarathustra». Der Aussichtsberg Piz Corvatsch ist mit 3'298 m der höchste, mit einer Luftseilbahn erreichbare Punkt des Engadins.
Bei zwei Hotelübernachtungen sind alle Bergbahntickets, Eisenbahn und Busse bei vielen Hotels inbegriffen (Stand 2023).

Muottas Muragl – der Aussichtsberg zum Geniessen

29 Zur eindrücklichen Sicht über die Oberengadiner Seenlandschaft mit St. Moritz und hin zum Piz Bernina mit seinem weissen Biancograt führt die Standseilbahn ab Punt Muragl. Besonders geniessen lässt sich das Panorama auf 2'455 m Höhe kurz vor Sonnenuntergang – die Bahn fährt bis spät am Abend, oder man nimmt sich ein Zimmer im Romantik-Berghotel.

Diavolezza – Luftseilbahn zum Gletscherpanorama

30 Bei der Bergstation auf 2'973 m Höhe beeindruckt die Kulisse vom Piz Palü über die Bellavista zum Piz Bernina. Gerne lässt man das Naturschauspiel von der Terrasse, vom Restaurant oder vom hoteleigenen Sprudelbad aus auf sich wirken. Im modernen Berghaus gibt's Doppel- oder Mehrbettzimmer.

Zuoz – ursprüngliches Engadiner Dorf

31 Historischer Dorfplatz, Patrizierhäuser, typische Engadiner Erker und Sgraffito-Verzierungen. «Allegra» (guten Tag) – «il rumantsch» ist praktisch an jeder Ecke zu hören. Die rätoromanische Sprache ist seit 1938 neben Deutsch, Französisch und Italienisch eine in der Verfassung verankerte Landessprache der Schweiz.

90 km vielfältige Velofahrt dem Inn entlang

32 Der Inn-Radweg beginnt im Passdorf Maloja und führt zunächst den Oberengadiner Seen entlang nach St. Moritz. Nach Celerina folgen am Rande der Ebene die typischen Engadiner Dörfer La Punt und Zuoz. Zum Bilderbuchdorf Guarda steigt es etwas an, doch das Thermalbad Scuol ist nicht mehr weit.

Alp Grüm

GRAND
TRAIN TOUR
OF SWITZERLAND
St. Moritz – Tirano – Lugano
Vielleicht die spektakulärste Alpenüberquerung. In Schlangenlinien und ohne Zahnrad bringt der «Bernina Express» Gäste ins italienische Tirano. Mit dem roten Bus der RhB geht die Reise weiter, vorbei an den Weinbergen des Veltlins und entlang des Comersees bis nach Lugano.
Rhätische Bahn

St. Moritz – Tirano – Lugano

Der «Bernina Express»

Seit 1910 schlängelt sich die Eisenbahn mit bis zu 7% Steigung zum Berninapass (Ospizio Bernina) und durch das malerische Val Poschiavo 1'800 Höhenmeter hinunter in Richtung Tirano in Italien. Der Bernina Express verbindet als höchste Bahnstrecke über die Alpen den Norden Europas mit dem Süden. Die Altstadt von Tirano muss man unbedingt kurz besuchen, bevor der «Bernina Express Bus» sich auf den Weg macht durch das «Valtellina» (Veltlin) zum Comersee und nach Lugano.

1. Pontresina
2. Morteratschgletscher
3. Ospizio Bernina, Berninapass
4. Alp Grüm
5. Cavaglia (Gletschermühlen)
6. Poschiavo
7. Brusio
8. Tirano
9. Valtellina (Veltlin)
10. Lago di Como
11. Menaggio
12. Porlezza
13. Gandria
14. Lugano
15. Monte Brè
16. Lago di Lugano
17. Montagnola
18. San Salvatore
19. Melide (SwissMiniatur)
20. Morcote
21. Monte San Giorgio
22. Monte Generoso
23. Mendrisiotto
24. Valle di Muggio
25. Monte Lema

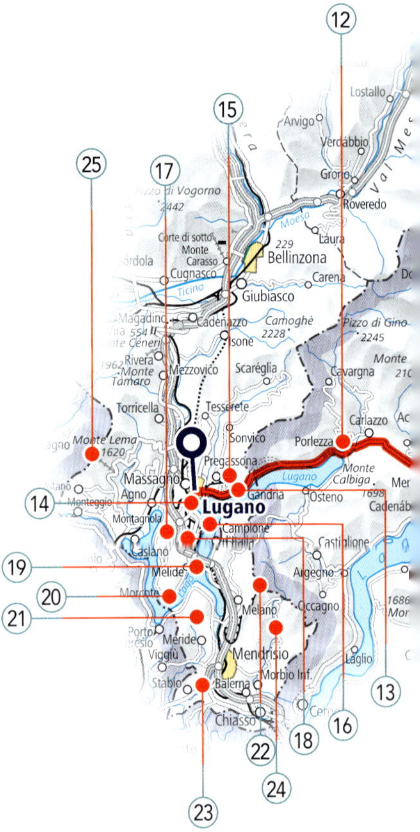

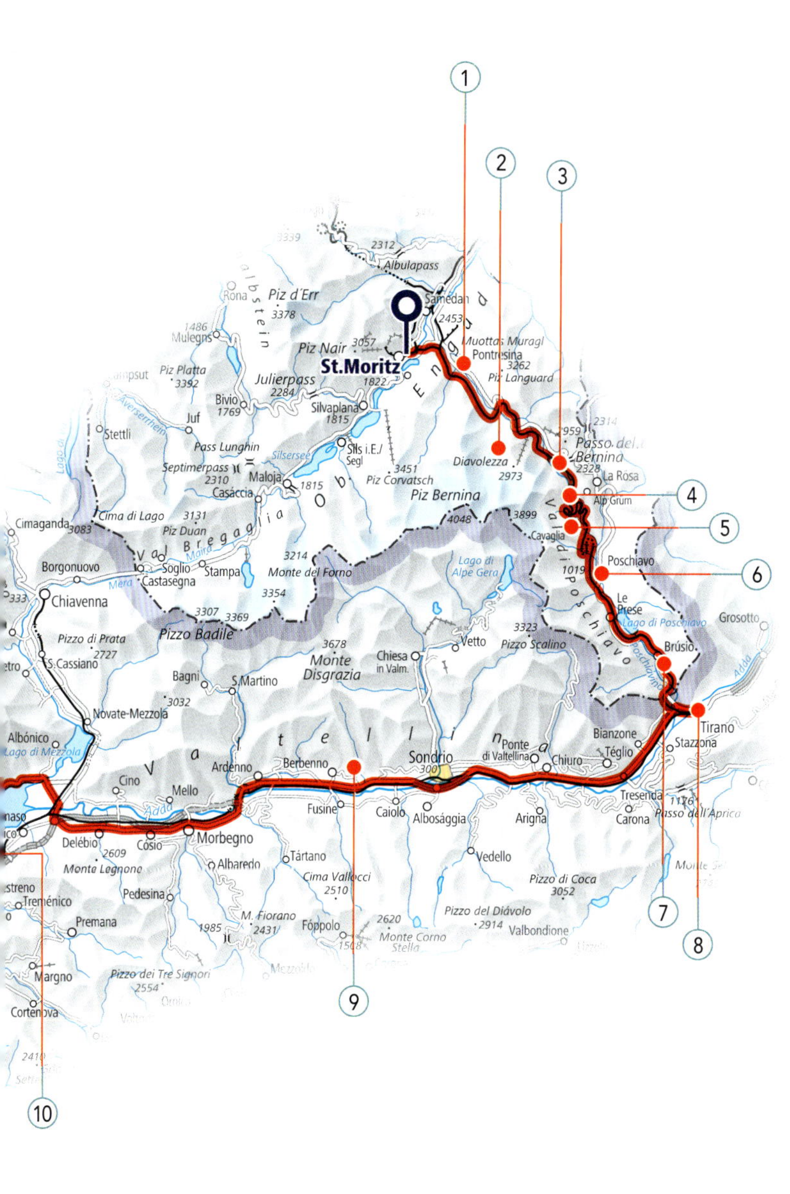
1
2
3
4
5
6
7
8
9
10
Albulapass
2312
3339
Samedan
2453
Piz d'Err
3378
Rona
Mulegns
1486
Piz Nair
3057
St.Moritz
1822
Muottas Muragl
Pontresina
3262
Piz Languard
Piz Platta
3392
Julierpass
2284
Bivio
1769
Silvaplana
1815
Juf
Stettli
Pass Lunghin
Septimerpass
2310
Maloja
1815
Silsersee
Sils i.E./
Segl
3451
Piz Corvatsch
Diavolezza
2973
Passo del Bernina
2328
2314
La Rosa
Alp Grüm
Cavaglia
Poschiavo
1019
Val di Poschiavo
Piz Bernina
4048
3899
Casáccia
Cima di Lago
3131
Piz Duan
Cimaganda
3083
Val Bregaglia
Soglio
Stampa
Castasegna
Borgonuovo
Mera
Maira
3214
Monte del Forno
Lago di Alpe Gera
Le Prese
Lago di Poschiavo
Brúsio
Grosotto
Adda
Chiavenna
3354
3307
3369
Pizzo Badile
3323
Pizzo Scalino
Vetto
Chiesa in Valm.
3678
Monte Disgrazia
Pizzo di Prata
2727
S.Cassiano
Bagni
S.Martino
3032
Novate-Mezzola
Albónico
Lago di Mezzola
Tirano
Bianzone
Stazzona
Téglio
Ponte di Valtellina
Chiuro
Sondrio
300
Berbenno
Ardenno
Cino
Mello
Tresenda
1176
Passo dell'Aprica
Carona
Arigna
Albosággia
Caiolo
Fusine
Delébio
Cósio
Morbegno
2609
Monte Legnone
Albaredo
Tártano
Vedello
Pizzo di Coca
3052
Cima Vallocci
2510
Pedesina
Treménico
Premana
M. Fiorano
2431
1985
Fóppolo
2620
Monte Corno Stella
Pizzo del Diávolo
2914
Valbondione
Margno
Pizzo dei Tre Signori
2554
Cortenova
2410

Bernina Express

Reiseinformationen und Tipps

Der Premium Panoramazug der Rhätischen Bahn verbindet das Oberengadin mit der Lombardei. Scheinbar mühelos meistert der feuerrote Zug vom Engadin aus jeden Anstieg und windet sich dann 1'800 Meter schlank hinunter ins italienische Tirano. Darüber hinaus bietet die Fahrt gleichzeitig unvergleichliche Ausblicke auf die höchsten Berge Graubündens, Gletscher und Schluchten. Der Bernina Express Bus fährt anschliessend durch das Veltlin, vorbei an unzähligen Rebbergen zum bekannten Lago di Como und erreicht am späten Nachmittag Lugano im sonnenverwöhnten Tessin.

An einem Tag von St. Moritz nach Lugano

Um die gesamte Reise mit Bernina Express und Bernina Express Bus an einem Tag zu bewältigen, muss in St. Moritz ein Zug vor elf Uhr bestiegen werden. Der Panoramazug startet kurz nach neun Uhr – so verbleibt eine schöne Mittagszeit in Tirano, bevor der Bus am frühen Nachmittag in Richtung Lugano abfährt. Dieser verkehrt nicht in den Wintermonaten.
Die Reisezeit St. Moritz – Tirano beträgt gut zwei Stunden, im Regionalzug etwas länger, die anschliessende Busfahrt nach Lugano je nach Verkehr (mit einer kurzen Pause unterwegs) fast drei Stunden. Der Bahnhof St. Moritz befindet sich unten am Seeufer, eine sehr lange Rolltreppe im Bereich des Parkhauses verbindet den Bahnhof mit dem Zentrum. In Tirano endet die Berninabahn neben der italienischen Staatsbahn, die Haltestelle des Bernina Express Bus befindet sich auf der Südseite (Unterführung). In Lugano fährt dieser zum SBB-Bahnhof (Südseite, nördlich).

Ausstattung im Panoramazug und Services

Es fahren Panoramawagen sowohl in der 1. als auch in der 2. Klasse. Unterwegs ertönen Streckeninformation ab Lautsprecher. Ab Smartphone gibt ein Bernina Express «Reisebegleiter» (Audioguide) in mehreren Sprachen ebenfalls kostenlos Hinweise und Informationen. Auf der Alp Grüm macht der Panoramazug eine kleine Pause, hier darf kurz ausgestiegen werden – vielleicht ertönt in der Bergwelt ein Alphorn? Die Bernina Express Züge führen keine Speisewagen; Snacks, Getränke und Souvenirs werden von der rollenden Minibar verkauft.

Fahrscheine / Reservation

Halbtax, GA und Swiss Travel Pass sind auf Bahn und Bus gültig. Auf dem Bernina Express und auf dem Bernina Express Bus sind Sitzplatzreservierungen obligatorisch. Für die Reservierung ist pro Fahrtrichtung und Person ein Zuschlag zu zahlen, dies ist online oder telefonisch unter +41 (0)81 288 65 65 oder an allen Bahnschaltern in Europa möglich.

Individuelle Gestaltung der Reise

Zehn Regionalzüge der RhB gibt es täglich (Sommer und Winter) von St. Moritz über den Berninapass nach Tirano. Wer sich unterwegs mal etwas länger aufhalten will, entlang dem Lago Bianco wandern oder auf der Alp Grüm was essen, der fährt mit den Regionalzügen. Auch Fotografen ziehen es teils vor, statt grossen Panoramafenstern auch mal ein Fenster für spektakuläre Aufnahmen, zum Beispiel des Brusio Kreisviadukts, öffnen zu können.

Gut zu wissen

Für den Grenzübertritt nach Italien sind gültige Reisedokumente notwendig. Auch ist es vorteilhaft, für den Aufenthalt in Tirano und für die kurze Pause des Bernina Express Bus ein paar Euros bei sich zu haben.
Ab St. Moritz und bis Tirano fahren im Winter in Kombination mit den Regionalzügen Panoramawagen zu einem reduzierten Zuschlag. Als Winter-Alternative zum Bus durch das Veltlin gibt es den «Palm Express», eine kontrastreiche Postautofahrt ab St. Moritz nach Lugano (siehe «Alternative Etappen», Seiten 208ff).

www.berninaexpress.ch

Pontresina

Morteratschgletscher, Piz Bernina

Bellavista

Alp Grüm, Palügletscher

Lago Bianco, Berninapass

Alp Grüm

Über den Berninapass zur Alp Grüm

Das Engadin befindet sich auf stattlichen 1'800 Meter über Meer, dennoch muss die Bahn bis zum Pass 450 Höhenmeter überwinden, ohne Zahnrad. Sie gilt als höchste Adhäsionsbahn der Alpen und – mit bis zu sieben Prozent Steigung – als eine der steilsten Adhäsionsbahnen der Welt. Die Bernina-Strecke ist ebenfalls Teil des Unesco-Welterbes.

1 Pontresina – einst Bergsteigerdorf

Die einzige grössere Siedlung im Val Bernina, einem Seitental des Engadins. Bereits im Mittelalter war die Passverbindung wichtig für die Pontresiner Bauern. 1871 wurde der Bergführerverein gegründet, im Sommer 1885 zählte man schon 2'000 Gäste. Heute ist Pontresina der ruhigere, auch familienfreundliche Ferienort neben St. Moritz.

2 Morteratschgletscher und Piz Bernina

Und wir nähern uns dem Bernina-Massiv. Vor 100 Jahren bedrohte das Gletschereis bei Morteratsch die neuen Gleise der Berninabahn – Stahlpfeiler zeigen den damaligen Gletscherstand. Heute befindet sich der Gletscher über drei Kilometer weiter hinten. Es folgen Schlag auf Schlag im Lärchenwald der Wasserfall «Cascada da Bernina» und die Montebello-Kurve des Bernina-Express mit dem fotogenen Blick zum Morteratschgletscher und zum Piz Bernina mit dem weissen Biancograt. Kamera bereithalten!

3 Der höchste Punkt der Berninabahn

Nach den Stationen Diavolezza und Lagalp folgen weitere Fotomomente, wenn der Zug in grossen Kehren (und ohne Zahnstange) sich der Passhöhe nähert. Hier begeistert der Lago Bianco, sein Wasser fliesst ostwärts (Richtung Engadin) ins Schwarze Meer, südwärts via Lago di Como und die Poebene in die Adria (Mittelmeer). Die höchstgelegene Bahnstation im Netz der Rhätischen Bahn, Ospizio Bernina, liegt auf majestätischen 2'230 m ü.M. am Übergang vom Engadin ins Val Poschiavo.

4 Alp Grüm

Beeindruckend ist die 180°-Himmelskurve der Rhätischen Bahn auf der Geländekante. Doch auch der Blick ins Tal und zum Palügletscher sind unvergesslich – ebenso die italienische Pasta, Puschlaver Spezialitäten, Engadiner Köstlichkeiten, hausgemachte Kuchen und Veltliner Weine im Ristorante gleich am Bahnhof Alp Grüm oder im aussichtsreichen Belvedere nur wenig oberhalb der Station. Wer gerne ein Stück in dieser eindrücklichen Landschaft marschiert, steigt im Ospizio Bernina aus und wandert in eineinhalb Stunden hierhin.

Cavaglia, Gletschermühlen

Val Poschiavo

Brusio, Kreisviadukt

Lago di Poschiavo

San Romerio

Val Poschiavo

Ab Bernina Ospizio fährt die Berninabahn 1'239 Meter hinunter nach Poschiavo, bis Tirano sind es sage und schreibe total 1'824 Höhenmeter. Der Name Poschiavo (deutsch Puschlav) geht auf «post clavem» zurück, hinter dem Riegel, dem Engnis gegen das Veltlin. Das Bündner Südtal gehört wie das Misox, das Calancatal und das Bergell zum italienischsprachigen Gebiet Graubündens. 1408 schlossen sich die Puschlaver dem Gotteshausbund (Teil Graubündens) an. Die Eroberung des Veltlins durch die Bündner 1512 machte das Val Poschiavo verstärkt zum Durchgangsort für den Handel.

5 Cavaglia – «Töpfe der Riesen»

So werden die Gletschermühlen zwischen Alp Grüm und Poschiavo genannt. Über Jahrtausende haben Gletscherwasser und rotierende Steine riesige, bis zu 15 Meter tiefe Löcher in den Fels gemahlen. Unter dem Gletscher hat das Schmelzwasser zudem eine Schlucht mit Wasserfall in den Fels gefressen. In Cavaglia halten nur die Regionalzüge, der Besuch der Gletschermühlen lohnt sich.

Im Zick-Zack den Berg hinunter ins Tal

Mit vier Haarnadel-Kurven geht es ab Cavaglia weiter den Berg hinunter über Cadera bis Poschiavo, immer wieder mit Maximalgefälle von 7 %. Im Talgrund trifft die Bahn schliesslich wieder mit der Passstrasse zusammen, die ab dem Hospiz auf anderem Weg via Val Laguné geführt wird.

6 Poschiavo – historischer Ort und Talsee

Das Städtchen und Hauptort im gleichnamigen Bündner Südtal hat ein bereits italienisch anmutendes Ortsbild mit von Steinplatten gedeckten Patrizierhäusern des 16. bis 19. Jahrhunderts. Vor Le Prese fährt die Bahn teils mitten auf der Strasse oder quert diese diagonal. Der durch einen prähistorischen Bergsturz aufgestaute Lago di Poschiavo ist ein kleines Ferienparadies. Weit links oben erkennt man die historische Bergkirche San Romerio.

7 Brusio – Kreisviadukt der Berninabahn

Gleich nach der Station Brusio gilt es rechts gleich unterhalb der Eisenbahn die geheimnisvollen «Crot», die Rundkeller zur Aufbewahrung von Lebensmitteln zu entdecken – die Kühlkammern aus Stein sehen aus wie Iglus und sind eine geniale Konstruktion. Nicht weniger genial präsentiert sich anschliessend der 360° Kreisviadukt: Mit einer Neigung von 7 % und einem Gleisradius von 70 Metern überwindet die Bahn hier eine beachtliche Höhendifferenz, ohne Kehrtunnel oder Talquerungen. Jeder der neun gemauerten Bögen besitzt eine Spannweite von 10 Metern. Der Viadukt wurde 1908, zusammen mit der Bahnstrecke Tirano–Poschiavo eröffnet, zwei Jahre vor der durchgehenden Berninalinie.

Basilika Madonna di Tirano

Palazzo Salis, Saloncello

Roncaiola, Schmugglerdorf

Tirano, Bahnhofplatz

Kapelle Palazzo Salis

Tirano und Valtellina (Veltlin)

Kurz nach Campocologno fahren wir über die Landesgrenze nach Italien. Nach dem Engnis mündet das Puschlav als Seitental ins Veltlin, und hier endet seit 1908 die Bahn aus dem Val Poschiavo – mit eigenem Bahnhof neben den Italienischen Staatseisenbahnen. Der Ort Tirano mit knapp 10'000 Einwohnern war schon immer strategisch bedeutsam und ein wichtiger Verkehrsknotenpunkt. Nach einem kürzeren (oder längeren) Besuch in der Altstadt geht die Fahrt per Bus weiter durch das Veltlin Richtung Lago di Como.

Tirano – italienischer Charme lohnt den Besuch

8

Quer über die Strassenkreuzung bei der Wallfahrtskirche Madonna di Tirano aus dem 16. Jahrhundert rollt der Bernina Express bei der Einfahrt in die Stadt. Eigentlich schade, nur den Bahnhof zu besuchen, von wo die Eisenbahn direkt nach Mailand fährt – und der Bernina Express Bus nach Lugano, zurück in die Schweiz. Zuvor lohnt sich nämlich sehr wohl ein Spaziergang über den Fluss Adda, durch die Porta Poschiavina in die verwinkelte Altstadt, mit einem Besuch im Palazzo Salis und in der Vineria bei Filippo – ein paar wenige Stunden verstreichen da bald einmal.

Palazzo Salis – Geschichte erleben

Mitten in der schlichten, doch reizvollen Altstadt von Tirano, unweit von der Piazza Cavour, steht der historische Palazzo. Zehn Räume können als Museum mit Audioguides besichtigt werden, darunter das Zimmer mit den «acht Weltwunder», die barocke Familienkapelle und der Gewölbesaal «Saloncello» mit gemalter Trompe-l'œil-Architektur, die dem Betrachter Dreidimensionalität vortäuscht. Im parkähnlichen Italienischen Garten lässt sich mitten in der Altstadt die Ruhe geniessen.

Schmuggler

Warenschmuggel hatte im Veltlin und auch im Puschlav lange Zeit eine grosse wirtschaftliche und soziale Bedeutung. Nicht nur gab es Kleinbusse mit Doppelboden zum Verstecken der Ware – Reis, Salz, Zucker, Tabakwaren und Kaffee wurden zu verschiedenen Zeiten von Menschen über die Anhöhen von Viano und Roncaiola getragen, immer mit der Angst, entdeckt zu werden. So gab es in Brusio einst bis zu zehn Kaffeeröstereien, mehrere hundert Säcke verliessen pro Tag quer durch die Bergwälder die Schweiz. Und in Viano gab es einen richtigen Tauschmarkt.

Tourist Information Tirano – Piazza delle Stazioni 18 – 23037 Tirano (Italia)
+39 0342 706 066 – www.visitatirano.it

Bus nach Lugano

Kirche Santa Casa Lauretana, Trevisio

Tresivio, Valtellina

Heimat der Nebbiolo Traube

Bianzone

Veltliner Spezialitäten

Bernina Express Bus nach Lugano

Am Nachmittag fährt der ebenfalls rote «Bernina Express Bus» ab Tirano (Südseite Bahnhof FS) weiter, mit einem kurzen Zwischenhalt und via Comersee, direkt an den Bahnhof Lugano. Die dreistündige, erlebnisreiche und komfortable Busfahrt, ein Angebot der RhB, ist Teil der «Grand Train Tour».

Valtellina – das Veltlin

9

Der Abschnitt des Tales, den wir durchfahren, verläuft in ost-westlicher Richtung. Es beginnt im Nordosten im Kessel von Bormio und endet mit der Mündung der Adda in den Comersee. Politisch macht das Tal den grössten Teil der Provinz Sondrio aus, die ihrerseits zur Region Lombardei (Milano) gehört. Vom oberen Teil des Tales führen der Umbrailpass ins Münstertal und das Stilfser Joch nach Südtirol. Valtellina bietet viel Tradition: Kirchen und Paläste, Museen, lokales Handwerk und Spezialitäten wie Wein, Käse, Pizzoccheri, Bresaola, Äpfel und Honig.

Der «Valtellina» – Veltliner Weine

Auch hier liegen die Ursprünge des Weinbaus bereits in vorchristlicher Zeit. Überwiegend wird der lokale Wein aus der Nebbiolo-Rebe gekeltert. Der «Sforzato» ist eine Art Strohwein, der durch Antrocknung der Trauben gewonnen wird, er wird zu festlichen Anlässen genossen. Der Wein aus dieser Gegend wird in der Schweiz als «Veltliner» bezeichnet – die österreichischen Veltliner Sorten haben nichts mit dem Veltlin zu tun. Für den Weinbau besonders geeignet sind die südexponierten Hänge nördlich der Adda im Talabschnitt zwischen Tirano und Ardenno. Im 19. Jahrhundert erreichte die mit Reben bestockte Fläche mit zeitweise über 6'000 ha ihre grösste Ausdehnung, heute beträgt die Anbaufläche knapp 1'000 Hektaren.

Veltlin – immer noch fast Graubünden

Von 1512 bis 1797 herrschte Graubünden im Gebiet der heutigen Provinz Sondrio. Auch wenn um St. Moritz und Pontresina nicht einmal Obstbäume gedeihen, haben die Engadiner auch heute noch ihren «eigenen» Wein: den Veltliner. Zwar gehört es zum guten Ton, den Verlust des Veltlins zu beklagen – der Handel mit dem Veltliner Wein blieb bis heute jedoch zu einem grossen Teil in der Hand der Engadiner und Puschlaver. Nach dem Wiener Kongress 1815 holten sie sich teils durch diplomatisches Geschick, teils durch Kauf viele der Weinberge zurück.

Lago di Como, Villen berühmter Leute und bekannter Filme

Menaggio, Lago di Como

Gandria

Lago di Lugano

Eisenbahn einst zum Luganersee

Lago di Piano bei Porlezza

10 Lago di Como – Fahrt an Prachtsvillen vorbei

Am oberen Ende des Comersees zweigt nach Norden die Strasse ab nach Chiavenna und von dort ins Bergell (Richtung Maloja und St. Moritz) oder über den Splügenpass ins Hinterrheintal. Das mediterrane Klima lässt Palmen, Zitrusfrüchte und Olivenbäume gedeihen. Hier halten sich Berühmtheiten auf wie George Clooney, er wohnt zeitweise in der mit Mauern umgebenen Villa Oleandro im südlicher gelegenen Dörfchen Laglio. Viele der Villen stammen aus dem 15. Jahrhundert, als die Region durch die Seidenraupenzucht und die Seidenindustrie reich geworden war.

Verkehrswege am Lago di Como

Die steilen Ufer des Comersees waren immer schon ein Hindernis für den Verkehr. Die Eisenbahn nach Lecco und weiter nach Milano windet sich dem östlichen Ufer entlang, ebenso wie die Autobahn, die zu mehr als der Hälfte in Tunnels verläuft. Unser Bus fährt auf der Westseite, ebenfalls oft in Tunnels die verkehrsgeplagten Orte umfahrend. Von Menaggio gehts dann kurz den Berg hinauf, westwärts querend Richtung Luganersee.

11 Zubringerbahnen zum Lago di Lugano

Der Comersee hat seit 1826 eine Dampfschiffahrt, jener von Lugano seit 1856. Ab Lugano fuhr man dann 1874 nach Süden bis an die italienische Grenze mit der Bahn – zeitgleich mit der Eröffnung des Gotthardtunnels 1882 bis nach Milano. Mit der rasanten Entwicklung des Eisenbahnverkehrs eröffneten sich neue Möglichkeiten für Schiff/Bahn, Regionen miteinander zu verbinden. So wurde der Luganersee zu einer Verkehrs-Drehscheibe: Zum Dampfschiff in Porlezza gab es die Bahnlinie ab Menaggio am Comersee. Doch man verband auch die Seeorte Ponte Tresa mit Luino am Lago Maggiore und Porto Ceresio mit Varese. Nur die letztgenannte Verbindung ist noch in Betrieb.

12 Porlezza – am oberen Ende des Luganersees

Einst Grenz- und Umsteigeort – heute beliebte Feriendestination. Neben schöner Seepromenade, Strandbädern und Campingplätzen am See lockt das nahegelegene Naturschutzgebiet um den kleinen Lago di Piano zu Wanderungen und Joggen.

13 Gandria – an der Strasse nach Lugano

Nach Überqueren der Grenze fährt der Bernina Express Bus an Gandria vorbei. Das romantische, ehemalige Fischerdorf am Luganersee lässt sich auch von Castagnola aus über den empfehlenswerten «Olivenweg» erkunden. Auf der anderen Seeseite erkennt man das nur zu Fuss (oder mit Schiff) erreichbare Zollhaus, heute ein spannendes Museum zum Thema.

Lugano, San Salvatore

LAC, Lugano Arte e Cultura

Bahn zum Monte Brè

Piazza della Riforma

Cantine di Gandria, Lago di Lugano

Lugano

Am Seeufer spürt man das Mediterrane und ein bisschen Italianità

Lugano besticht durch Vielfalt, Charme und Sprache. Die erstaunliche Dichte an öffentlichen Verkehrsmitteln erleichtert den Besuch. Gemütlich lässt sich auch mit dem Schiff die nähere Umgebung erkunden.

14 Stadt Lugano – ein Ort zum Verweilen

An der Piazza della Riforma trifft man sich. Gesäumt von historischen Gebäuden, darunter der neoklassische Palazzo Civico (Rathaus) sowie Bars und Restaurants, ist hier idealer Ausgangspunkt für Shopping in der Altstadt. Die Standseilbahn vom Bahnhof ist die schnellste Verbindung, um das Zentrum zu erreichen. Ursprünglich 1886 gebaut, ist sie heute eine der modernsten Anlagen dieser Art. Die Stadt Lugano wurde früher deutsch auch «Lauis» genannt.

LAC – Lugano Arte e Cultura

Das architektonisch besondere Kunst- und Kulturzentrum der Stadt Lugano ist kaum zu übersehen. Der markante Bau nahe am See bildet einen spannenden Kontrast zur Kirche Santa Maria degli Angioli aus dem 16. Jahrhundert. Das LAC beherbergt das Museo d'arte della Svizzera italiana (MASI) und im modernen Theater- und Konzertsaal finden 1'000 Besucher Platz.

15 Monte Brè – einer der Hausberge von Lugano

Von Cassarate fahren die Standseilbahnen in zwei Sektionen zum Aussichtsberg. Der Blick über den Lago di Lugano ist jedes Mal überwältigend. Gegenüber der Zuckerhut San Salvatore, über dem See und Damm von Melide der bewaldete Monte San Giorgio, im Westen die Walliser Alpen. Zwei Restaurants mit Sonnenterrassen sorgen für das leibliche Wohl.

16 Lago di Lugano – Luganersee oder Ceresio

Der vielarmige See im Südtessin windet sich buchstäblich um den San Salvatore, um den San Giorgio und um den Monte Caslano im Malcantone. Das Wasser durchbricht bei Ponte Tresa die Bergkette des Monte Lema, der Luganersee entwässert hinüber in den Lago Maggiore (also via Ticino in den Po) und nicht etwa im Süden direkt in die Poebene.

Lugano Turismo Piazzale della Stazione (Bahnhof) – 6900 Lugano
+41 (0)58 220 65 04 – www.luganoregion.com

Hesse Museum, Montagnola

San Salvatore

Kirche San Salvatore, Lugano

SwissMiniatur, Melide

Bundeshaus im SwissMiniatur

Morcote

Ausflüge im Sottoceneri

Der wahre Süden des Kantons Tessin

Von Lugano aus lassen sich in alle Himmelsrichtungen mit Bus, Bahn, Schiff oder Bergbahn Ausflüge unternehmen. Gäste, die im Tessin übernachten, erhalten mit dem «Ticino Ticket» freie Fahrt auf Bahn und Bus; Bergbahnen, Schiff, Museen, Sehenswürdigkeiten geben Rabatte (Stand 2023).

17 Montagnola – auf den Spuren von Hermann Hesse

Während 43 Jahren lebte hier auf der Collina d'Oro der weltweit gelesene Autor und Nobelpreisträger. Im kleinen Museum findet man persönliche Gegenstände und Werke, berühmt sind seine Brille, die Schreibmaschine, die zarten Aquarelle. Der Hermann Hesse gewidmete Weg führt in der Umgebung zu den schönsten Punkten, die dem Dichter besonders lieb waren und die man in seinen Werken wiederfindet. Das Literaturcafé Boccadoro neben dem Museum ist empfehlenswert.

18 San Salvatore – Zuckerhut von Lugano

360° blickt man vom Dach der öffentlich zugänglichen Gipfelkapelle, über den verwinkelten Lago di Lugano weit unten und bei klarer Sicht zu den Walliser und Berner Hochalpen im Westen und Nordwesten. Zum San Salvatore fährt seit 1890 die technisch clever konzipierte rote Standseilbahn in zwei Sektionen. Bereits im Jahr 1200 bestiegen Pilger den Berggipfel zu Fuss, um dem Sohn Gottes die Ehre zu erweisen, der bei seiner Auffahrt in den Himmel hier kurz Rast gemacht haben soll. Vorzüglich rasten tut man heute im Gipfelrestaurant mit Blick weit in den Süden bis zu den Vororten von Milano.

19 SwissMiniatur – die Schweiz im Taschenformat

128 Modelle im Massstab 1:25 – bedeutende Schlösser, ganze Dörfer, Patrizierhäuser und andere Baudenkmäler. Eisenbahn-Fans begeistern sich für die 18 Modellzüge, die auf einem 3.5 km langen Schienennetz durch die 14'000 m² grosse Parklandschaft beim Damm von Melide fahren. Auch Zahnrad-, Seil- und Standseilbahnen verkehren hier.

20 Morcote im Süden des San Salvatore

Im Mittelalter wichtiger Warenumschlagplatz der Mailänder Herzöge, lebte das Dorf mit den Laubengängen und den Patrizierhäusern in früheren Zeiten hauptsächlich vom Fischfang. Im «Parco Scherrer» wachsen heute Palmen, Kamelien, Oleander, Zedern, Zypressen, Kampfer, Eukalyptus.

Blick zum Monte San Giorgio

Monte Generoso

Fossilienmuseum, Meride

Mendrisiotto

Breggia, Valle di Muggio

Monte Lema

21 Monte San Giorgio – wo Saurier hausten

Der knapp 1'100 Meter hohe Monte San Giorgio nordwestlich von Mendrisio ist seit dem 19. Jahrhundert ein Mekka der Fossilien-Wissenschafter und seit 2003 Unesco-Welterbe. Der 2.5 Meter lange Ticinosuchus, eine Rekonstruktion, begrüsst die Besucher im umgebauten Fossilienmuseum in Meride. Das Original lebte vor 240 Millionen Jahren am Rand eines reich belebten subtropischen Meeresbecken.

22 Fiore di pietra – Steinblume Monte Generoso

Ab Capolago erreicht die Zahnradbahn seit über 130 Jahren den höchsten Berg im Südtessin. Ein Highlight hier oben ist das neue, markante Gebäude des Tessiner Architekten Mario Botta, die «Fiore di pietra» bei der Bergstation 100 Meter unterhalb des Gipfels. Weiter unten erkennt man die sorgfältig wiederhergestellten Steinplatten-Zäune und die runden «Nevère» aus Stein, die einstigen Schneekeller-Kühlhäuschen für die Alpenmilch.

23 Mendrisiotto – wo der Merlot herkommt

Ganz im Süden der Schweiz sind Weine und die Grotti, die traditionellen kleinen Gaststätten, zuhause. 360 Hektar Rebfläche sind es an den Hügeln der wichtigsten Weinbaugegend des Tessins. Auf drei Rundwanderwegen in verschiedenen Gebieten lassen sich Anbautechniken sowie die Beziehungen zwischen Traube, Gebiet und Mensch erkunden.

24 Valle di Muggio im Süden des Monte Generoso

Wer mit dem Postauto ganz im Süden ins verborgene Tal und auf enger Bergstrasse hinauf bis Scudellate fährt, reist in die Vergangenheit. Die Dörfer mit typischen Steindächern kleben an steilen Hängen, darumherum breiten sich Kastanienwälder aus. Ganz vorne im Muggiotal befindet sich der Park der Breggia-Schluchten und der Zementlehrpfad.

25 Monte Lema – Berg zwischen den beiden Seen

Ein weiterer Ausflug für die Weitsicht-Geniesser: ins Gebiet Malcantone, westlich von Lugano. Die Seilbahn mit der typischen Kabinengruppe fährt hinauf zur Krete, auf der anderen Seite ist der Lago Maggiore. Auf dem Rundweg «Sentiero Insubrico» erkennen Geologen die Linie zwischen Nord- und Südteil der Alpen. Während Mountainbiker die Downhillrouten ins Tal suchen, machen sich Panoramawanderer auf zur aussichtsreichsten Tour im Tessin, auf der Krete zum Monte Tamaro und zur Gondelbahn von der Alpe Foppa hinunter nach Rivera.

Flüelen

Lugano – Luzern

Wenn die Reise zum unvergesslichen Erlebnis wird – viel Bahngeschichte, Aussicht und genussvolles Reisen. Die historische Gotthard-Bergstrecke und die Schifffahrt auf dem Vierwaldstättersee ermöglichen die einzigartige Kombination auf dem Weg zwischen Tessin und der Zentralschweiz.

Lugano – Luzern

Der «Gotthard Panorama Express»

Der Erstklass-Panoramazug beginnt im mediterranen Tessin, führt auf der historisch bedeutenden Bergstrecke hinauf zum 1882 eröffneten Gotthardtunnel. Brückenbauwerke und Kehrtunnels in der Leventina lassen staunen. Auf der Nordseite im mächtigen Urner Reusstal schlängelt sich der Zug mehrmals um die Kirche von Wassen bevor er den Vierwaldstättersee erreicht. Ab Flüelen gleitet man auf dem Dampfschiff vorbei an mystischen Buchten und malerischen Landschaften sowie geschichtsträchtigen Orten wie das Rütli oder der Schillerstein bis nach Luzern.

1. Monte Ceneri
2. Monte Carasso
3. Bellinzona
4. Biasca
5. Leventina
6. Airolo
7. Gotthard Basistunnel
8. Göschenen
9. Wassen
10. Uri Kleinseilbahnen
11. Altdorf
12. Flüelen
13. Urnersee
14. Brunnen
15. Vierwaldstättersee
16. Luzern
17. Pilatus
18. Horwer Halbinsel
19. Buochs
20. Stanserhorn
21. Bürgenstock
22. Niederbauen
23. Rigi
24. Engelberg Titlis

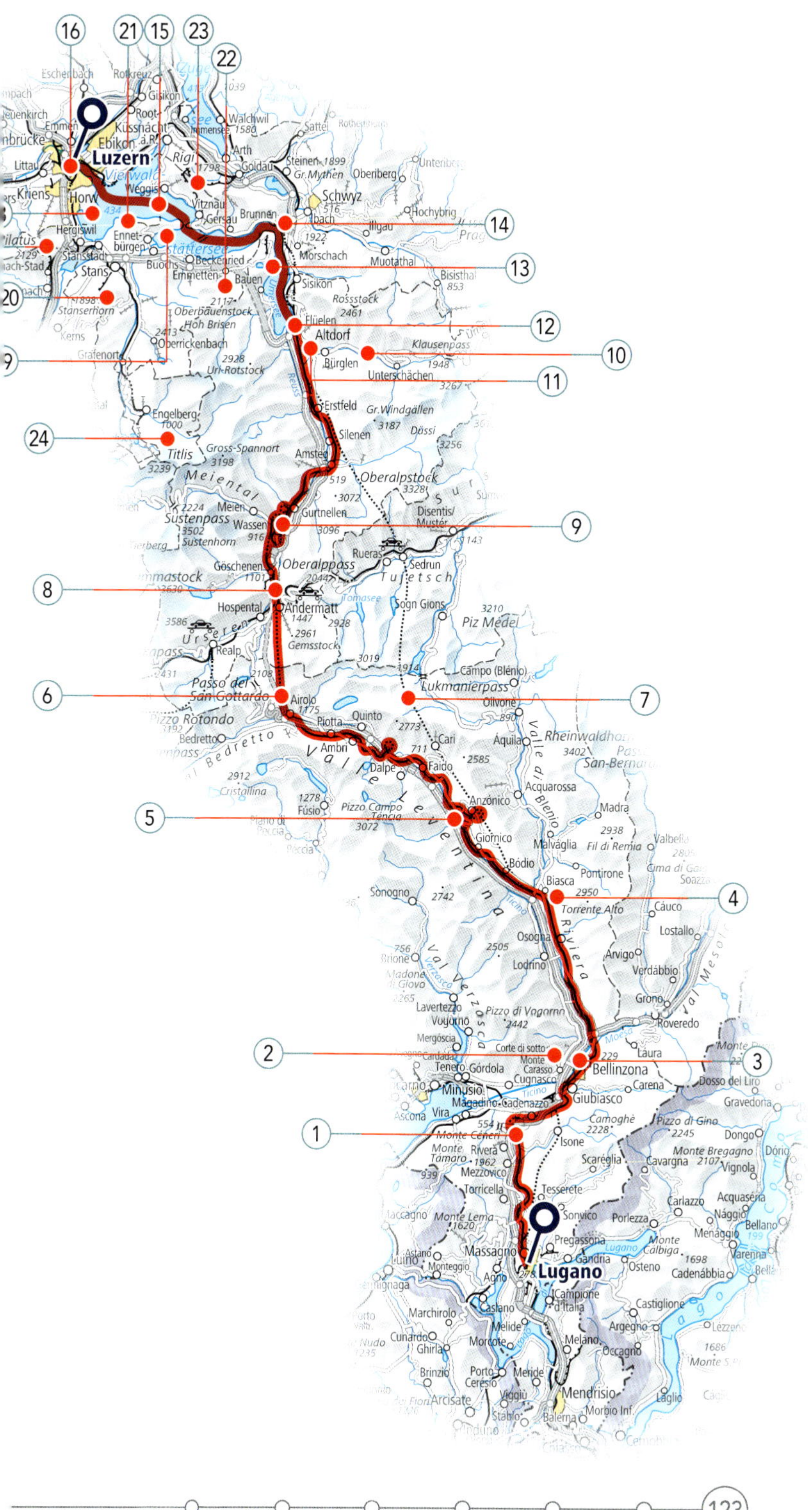

16
21
15
23
22
Luzern
Lugano
Küssnacht
Ebikon
Emmen
Littau
Kriens
Horw
Hergiswil
Weggis
Vitznau
Gersau
Brunnen
Schwyz
Arth
Goldau
Rigi
Stans
Stansstad
Buochs
Beckenried
Emmetten
Bauen
Sisikon
Flüelen
Altdorf
Bürglen
Klausenpass
Erstfeld
Silenen
Amsteg
Gurtnellen
Wassen
Sustenpass
Göschenen
Andermatt
Hospental
Oberalppass
Sedrun
Disentis/Mustér
Passo del San Gottardo
Airolo
Lukmanierpass
Piotta
Ambri
Quinto
Faido
Anzónico
Giornico
Bódio
Biasca
Osogna
Claro
Bellinzona
Giubiasco
Cadenazzo
Monte Ceneri
Rivera
Tesserete
Massagno
Melide
Mendrisio
Valle Leventina
Riviera
Engelberg
Titlis
Pilatus
Stanserhorn
14
13
12
10
11
24
9
8
6
7
5
4
2
3
1
20

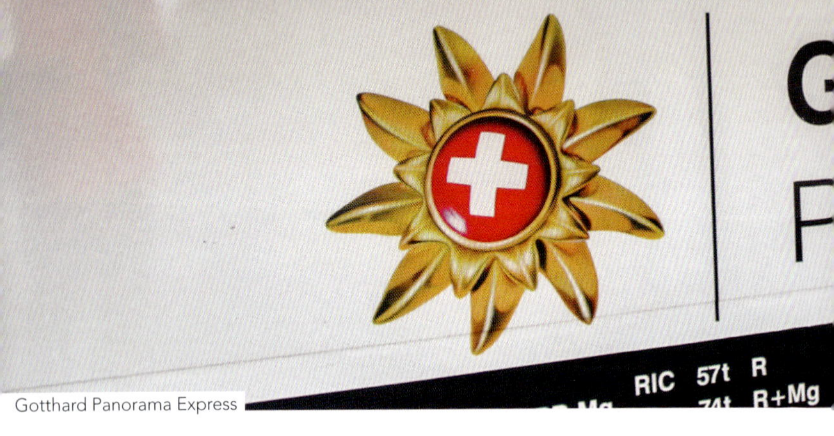

Gotthard Panorama Express

Reiseinformationen und Tipps

Hautnah erleben, wie sich der Zug von Bellinzona durch das Tal des Ticino nach Airolo zum Gotthard-Scheiteltunnel hochschraubt – und gleichzeitig mit persönlichen Erläuterungen und Inszenierungen zur Entstehungsgeschichte den historischen Bau der Strecke vor bald 150 Jahren miterleben. Das ist der Gotthard Panorama Express. Mehrere hundert Meter tiefer unten im Berg fahren (eiligere) Fahrgäste mit 200 Stundenkilometern durch den neuen, 57 Kilometer langen Eisenbahn-Basistunnel.

Panoramazug auf der Bergstrecke – Schiff auf dem Vierwaldstättersee

Der erstklassige Zug mit Panoramafenster verkehrt im Sommerhalbjahr ein Mal pro Tag, jeweils am Morgen ab Lugano in Richtung Norden (und am Nachmittag in umgekehrter Richtung zurück ins Tessin). Die alpenquerende Zugfahrt dauert bis Flüelen knapp zweieinhalb Stunden, auf dem Schiff bis in die Stadt Luzern verbringt man weitere gemütliche fast drei Stunden. Der Bahnhof Lugano befindet sich auf der Anhöhe mit Blick über den See, bequem erreichbar mit der kurzen Standseilbahn ab Stadtzentrum. Umsteigen in Flüelen auf das Schiff sind nur ein paar Schritte, ebenso die Schiffstation in Luzern, gleich am Bahnhof.

Ausstattung Panoramazug/Schiff und Services

Der Zug ab Lugano besteht aus SBB-Panoramawagen der 1. Klasse. Im zusätzlichen Fotowagen in der Zugsmitte lassen sich die Fenster öffnen – ein Highlight nicht nur für Fotografen. Hier sitzt auch Alfred Escher, der Initiator der Gotthardbahn. Über den Vierwaldstättersee ist je nach Jahreszeit ein historisches Dampfschiff oder modernes Motorschiff unterwegs.

Auf dem Gotthard Express wird Gastfreundschaft gross geschrieben. Die mehrsprachigen Reiseleiter, äusserst engagierte Begleiterinnen und Begleiter, wissen unzählige Geschichten zu erzählen und machen die Gäste darauf aufmerksam, wenn bei Wassen das Kirchlein gleich mehrere Male, aber auf unterschiedlicher Seite am Fenster zu sehen ist.

Im Panoramazug wird «Service am Sitzplatz» angeboten mit Snacks, kalten Platten und Getränken – viele gönnen sich auf der erholsamen Reise ein Fläschchen Wein. Im Restaurant auf dem Schiff gibt es die Möglichkeit, ein Mittagessen oder eine Zwischenverpflegung zu bestellen.

Fahrscheine / Reservation

Der Gotthard Panorama Express (Zug) ist ein reines 1. Klasse Angebot. Neben dem gültigen Fahrausweis ist ein Zuschlag, welcher via Sitzplatzreservation erhoben wird, für alle Reisenden erforderlich. Auf dem Schiff zwischen Flüelen und Luzern ist freie Sitzplatzwahl, 1. und 2. Klasse (keine Reservierung möglich, ausser im Bordrestaurant).

Individuelle Gestaltung der Reise

Alternativ fährt der kupferfarbene «Treno Gottardo» 365 Tage stündlich als Interregio-Zug mit Bistro- und Familienabteil über die Gotthard-Panoramastrecke ohne Umsteigen von Locarno/Bellinzona nach Flüelen und alternierend weiter nach Zürich oder Luzern/Basel. Dieser Zug hält an mehreren Station in der Leventina (auch in Airolo) und im Urner Reusstal. Ab Airolo gibt es interessante Postauto-Verbindungen über den Nufenenpass ins Goms oder obendurch über den Gotthardpass nach Andermatt (hier Anschluss zum Glacier Express).

Gut zu wissen

Der Gotthard Panorama-Zug fährt nur im Sommer und nicht alle Tage. Und auf dem Vierwaldstättersee ist im Winter eingeschränkter Schiffsverkehr.
Das Ticket von Lugano nach Flüelen und dann über den Vierwaldstättersee nach Luzern muss zwingend Lugano–Flüelen–«via Schiff»–Luzern gekauft werden.

www.gotthard-panorama-express.ch

Cenerirampe, Magadino Ebene

Samstagsmarkt in Bellinzona

Hängebrücke Carasc

Castello di Montebello

San Bernàrd, Corte di Sotto

Lugano – Bellinzona via Monte Ceneri

Der «Gotthard Panorama Express» wechselt auf dem ersten Teilstück vom Sottoceneri ins nördlichere Sopraceneri. So wird der nördliche Teil des Kantons Tessin bezeichnet. Es ist eine bergige Landschaft, aber sie enthält paradoxerweise mit dem Lago Maggiore auf 192 m Seehöhe gleichzeitig den tiefsten Punkt der Schweiz.

1 Ceneri-Bergstrecke – Blick auf die Magadinoebene

Die Strecke via Ceneri war bis zur Eröffnung des Basistunnels 2020 die internationale Verbindung von/nach Italien. Vorbei an der Monte Tamaro Gondelbahn erreicht man den 1.7 km langen Scheiteltunnel. Auf der anschliessenden «Cenerirampe» dem Hang entlang hinunter ins Tal des Ticino beeindruckt die Aussicht, links hinten Locarno und der Lago Maggiore.

2 Corte di sotto – einst Bergdorf mit eigener Kirche

Vor Bellinzona erkennt man links das Dorf Monte Carasso und die gerade Linie der Seilbahn nach Mornera im Wald. Das restaurierte Tessinerdörfchen bei der Mittelstation bietet mit seinen Trockenmauern beliebte Fotosujets. Ganz in der Nähe steht die romanische Bergdorf-Kirche San Barnàrd. Das schwindelerregende Überqueren der 270 m langen Tibetanischen Hängebrücke Carasc ist weiterer Höhepunkt.

3 Bellinzona – Tessiner Hauptstadt

In den Gassen unweit vom Bahnhof Bellinzona finden sich reich verzierte Patrizierhäuser und schöne Kirchen. Hinter dem herben Charme der mittelalterlichen Stadt verbirgt sich viel pulsierendes Leben eines modernen Begegnungszentrums. Fachgeschäfte mit kulinarischen Spezialitäten und Cafés laden zum Verweilen ein. Die Plätze der Altstadt verwandeln sich jeweils am Samstag zum farbenfrohen Wochenmarkt – man spürt die Nähe zu Italien.

Bellinzona – die drei Schösser, Unesco Welterbe

Castelgrande, Castello di Montebello und Castello di Sasso Corbaro. Einst gebaut zur Kontrolle des Durchgangsverkehrs sind die mittelalterlichen Festungsanlagen heute Wahrzeichen der Stadt. Zu den höher gelegenen Burgen gelangt man zu Fuss oder mit dem öffentlichen Bus ab Bahnhof – das Suchen des Weges wird mit einem Weitblick über die Magadinoebene bis zum Lago Maggiore belohnt.

Bellinzona e Valli Turismo – Piazza Collegiata 12 – 6500 Bellinzona
+41 (0)91 825 21 31 – www.bellinzonaevalli.ch

Biaschina

Biasca

Airolo

Eisenbahn-Basistunnel

Durch die Leventina hinauf nach Airolo

Seinen Namen hat der Kanton Tessin vom Fluss Ticino, der auf der Südseite des Gotthardmassivs entspringt, durch das Valle Leventina fliesst und in den Lago Maggiore (und via Po ins Adriatische Meer) mündet. Von Bellinzona hinauf nach Airolo zum 1882 eröffneten ersten Eisenbahntunnel durch die Schweizer Zentralalpen hat der «Gotthard Panorama Express» eine Höhendifferenz von 900 Meter zu überwinden – entlang des Ticino. Bis Giornico, wo kurz vorher die Schnellzüge im Basistunnel verschwinden, fahren wir in der Talebene. Dann wird es steil – und in der Leventina so spannend!

4 Gekreuzter Wasserfall Santa Petronilla

Aufgepasst: Am Bahnhof von Biasca sieht man rechts den Wasserfall Santa Petronilla. Der Bergbach Ri della Froda teilt sich bei der zierlichen Steinbogenbrücke in zwei Arme, die weiter unten einander sich wieder nähern, sodass der eine Strahl über den anderen hinwegschiesst.

5 Biaschina – Bahn-Kehrtunnel und Autobahn-Viadukt

Die 120 Meter hohe Talstufe der Biaschina mitten in der Leventina ist auf einen nacheiszeitlichen grossen Bergsturz zurückzuführen, den die Bergstrecke der Bahn mit zwei gleich nacheinander folgenden Kehrtunnels, die Kantonsstrasse mit Serpentinen und die Autobahn A2 mit einem ab Giornico ansteigenden Viadukt und einem Tunnel überwinden. Hier lohnt es sich, im Fotowagen gleich nach den Tunnels immer wieder am offenen Fenster zu stehen!

6 Eisenbahntunnel Airolo – Göschenen

Bereits der 1882 eröffnete Gotthard-Scheiteltunnel von Airolo nach Göschenen ging aufgrund seiner Länge von 15 Kilometern als (damals) längster Tunnel der Welt in die Geschichtsbücher ein. Noch heute gilt der Tunnel, der unter der Leitung des Genfer Bauunternehmers Louis Favre gebohrt wurde, als Meisterleistung in der Ingenieurs- und Vermessungskunst. Die Abweichungen beim Durchstich Ende Februar 1880 waren minim: 33 Zentimeter in der Horizontalen und 5 Zentimeter in der Vertikalen.

7 Heute längster Eisenbahntunnel der Welt

Der neue Gotthard-Basistunnel ist 57 Kilometer lang, er liegt 600 Meter unter dem Eisenbahntunnel von 1882. Bis zu 2'300 Meter Gestein befinden sich über dem neuen Tunnel, er ist somit auch der tiefste der Welt. Experten sprechen von einer «Flachbahn», da keine Steigungen bei den Zufahrten überwunden werden müssen, die Strecke von Altdorf (UR) nach Bellinzona (TI) ist 30 Kilometer kürzer. Zu Spitzenzeiten arbeiteten 2'400 Personen auf dieser Baustelle. Für die zwei Hauptröhren und die Sicherheits-, Lüftungs- und Querstollen wurden insgesamt 152 Kilometer Tunnel ausgebrochen. Die Bauzeit belief sich ohne Sondierungsarbeiten auf 17 Jahre.

Kirche von Wassen

Kleinseilbahn Musenalp

Teufelsstein, Göschenen

Zug San Gottardo

Rathausplatz Altdorf

... mit Tell-Denkmal

Urnerland

Die in der Leventina gewonnen Höhenmeter muss die Bahn im Norden des Gotthard-Massivs wieder runterfahren, 630 Höhenmeter sind es bis nach Erstfeld zum Nordportal des Basistunnels.
Flüelen ist Umsteigestation aufs Schiff. Schon 1837 verkehrten erste Dampfschiffe, beladen mit allerlei Handelsgüter. Bis zur Bahneröffnung 1882 wurden diese vom Schiff auf Fuhrwerke, Maultiere und Pferde umgeladen.

Teufel verfehlte das Ziel

8

Für den Bau einer Brücke in der Schlucht zwischen Andermatt und Göschenen wurde der Teufel zu Hilfe gerufen – er verlangte aber die erste Seele, die rüberkommen werde. Die schlauen Urner sandten nach Vollendung des Bauwerkes einen Geissbock über den Steg... Um die Brücke gleich wieder zu zerstören, warf der Teufel aus Wut ein Riesen-Felsstück, verfehlte diese aber, und der Stein flog bis Göschenen – rechts nach dem Bahnhof zu erkennen.

S'Chileli vo Wassä

9

Die Kirche auf dem markanten Hügel ist weltberühmt – wir sehen sie vom Zug aus gleich mehrmals. Im Talabschnitt bei Wassen benötigt die Bahn grosse Kehren mit Tunnel, um Strecke zu gewinnen und Höhe zu verlieren. Treffend erklärt es der Kabarettist Emil Steinberger: Schau, Achtung, jetzt rechts... und nun auf der linken Seite, und gleich wieder, Achtung, rechts!

«Schiffli» – Kleinseilbahnen im Kanton Uri

10

Hier gibt es fast 50 Personenseilbahnen, viele davon sind öffentlich. Im Bergkanton können auf einer Strecke von 53 Kilometer 22'000 Höhenmeter mit Seilbahnen überwunden werden. Besonders bekannt sind die Kleinseilbahnen, zur Erschliessung von entlegenen Berggebieten von existenzieller Bedeutung. Für Gäste ist die Bähnlifahrt mit den abenteuerlichen «Schiffli» oft der Höhepunkt eines Ausfluges.

Altdorf und der Schweizer Nationalheld

11

Die Heimat von Wilhelm Tell, dem einer Sage nach legendären Schweizer Freiheitskämpfer. Die Orte der Legende liegen nahe beieinander, vom berühmten Telldenkmal im Zentrum des Urner Hauptortes über den Tell-Lehrpfad zum Tellbrunnen und Tellmuseum in Bürglen, dem angeblichen Geburtsort Tells – alles Originalschauplätzen des einstigen Geschehens.

Uri Tourismus · Schützengasse 11 – 6460 Altdorf
+41 (0)41 874 80 00 – www.uri.swiss

Vierwaldstättersee

Vierwaldstättersee bei Brunnen vom Fronalpstock

Obere und Untere Nase

Tellskapelle

Vierwaldstättersee

Die Fahrt mit dem Dampfschiff von Flüelen bis Luzern dauert fast drei Stunden. Die vielfältige Fjordlandschaft, das Stampfen der Schaufelräder, der Blick in den Maschinenraum und eine Verpflegung im Bordrestaurant lassen dennoch bestimmt keine Langeweile aufkommen. Der Vierwaldstättersee besteht aus mehreren Seebecken und Buchten, er hat denn auch eine Uferlänge von weit über hundert Kilometern.

12 Dampf ahoi – Dampfschiffe Vierewaldstättersee

Auf dem Vierwaldstättersee verkehren fünf nostalgische Raddampfer, von denen jeder wirklich einzigartig ist: die älteste «Uri», die jüngste «Stadt Luzern», die schnellste «Gallia», sowie «Schiller» und die «Unterwalden». In den Sommermonaten übernimmt meist die neu renovierte «Stadt Luzern» in Flüelen die Gäste vom «Gotthard Panorama Express».

13 Geschichtsträchtiger Urnersee

Bei der Tellsplatte hat sich Wilhelm Tell vor über 700 Jahren mit mutigem Sprung aus dem Boot des Landvogts Gessler gerettet. Fresken in der gegen den See offenen Kapelle zeigen Bilder rund um die Sage. Auf der gegenüberliegenden Seeseite ist die Geburtsstätte der Schweizerischen Eidgenossenschaft. Am 1. August 1291 schworen auf dem Rütli die drei Abgesandten der Urkantone Uri, Schwyz und Unterwalden den ewigen Bund der Waldstätte. Unweit von hier ragt ein 20 Meter hoher, markanter Felsblock aus dem Urnersee. Er wurde 1859 zu Ehren Friedrich Schillers, Autor des Dramas «Wilhelm Tell», in das Schillerdenkmal umgewandelt.

14 Brunnen – Ausgangspunkt für Ausflüge

Der Vierwaldstättersee macht hier einen rechten Winkel gegen Western. Das Eis des Reussgletschers teilte sich wohl in zwei Arme, Richtung Schwyz und Arth-Goldau und durch das engere Tal des heutigen Sees Richtung Buochs und Stans. In Brunnen sitzt man gerne am Quai und spürt vielleicht den warmen Föhnwind aus dem Reusstal.

15 Unerwartetes Unterwasserrelief

An zwei Stellen ist der Vierwaldstättersee über 200 Meter tief. Am Seeboden finden sich ein Felsrelief sowie Moränenwälle aus der Eiszeit. Nach Beckenried/Buochs macht der See erneut eine «Kurve», diesmal gegen Norden. Zwischen der «Oberen Nase» und der «Unteren Nase» ist der See nur 840 Meter breit und an einer Stelle lediglich 26 Meter tief. Würde man das gesamte untere Seebecken auspumpen würde also der obere Teil fast in gleicher Grösse bestehen bleiben.

Kappelbrücke mit Pilatus

Museggtürme

KKL Luzern

Reuss, Stadt Luzern

Bahnhofplatz

Luzern

Die Leuchtenstadt am Vierwaldstättersee

Historische, mit Fresken geschmückte Häuser umsäumen in der autofreien Altstadt malerische Plätze – moderne Bauten sind spannender Gegensatz. Der moderne Bahnhof stammt von 1991, nachdem ein Brand das historische Bahnhofsgebäude 20 Jahre zuvor zerstört hatte. Das alte Hauptportal steht als Torbogen mitten auf dem Bahnhofplatz, gekrönt von den Figuren «Zeitgeist» des Künstlers Richard Kissling, der auch das Tell-Denkmal in Altdorf und das Alfred-Escher-Denkmal auf dem Bahnhofplatz in Zürich schuf. Die Hauptfigur in Luzern zeigt Louis Favre, den Gotthardtunnel-Erbauer.

16 Kapellbrücke – Wahrzeichen der Stadt Luzern

Die 204 Meter lange, um 1360 erstmals erbaute gedeckte Holzbrücke über die Reuss ist die wohl bedeutendste Touristenattraktion der Stadt; nur drei Minuten vom Bahnhof entfernt. Angelehnt an die Brücke steht der ebenso fotogene Wasserturm, er wurde als Wachtturm der Stadtbefestigung rund ein halbes Jahrhundert vor der Brücke gebaut und diente auch als Schatzkammer, Staatsarchiv und Kerker. Die Kapellbrücke musste nach einem Grossbrand 1993 fast vollständig rekonstruiert werden.
Etwas flussabwärts reguliert das historische Reuss-Nadelwehr von 1860 den Seepegel. Auch dies sollte bei einem Altstadt-Rundgang miteinbezogen werden.

Museggtürme und Museggmauer

Wer sich einen Überblick über die Stadt, das Seebecken und die umliegenden Berge verschaffen möchte, der steigt auf die begehbare Museggmauer, zugänglich im Sommer aus der Altstadt oder von hinten. Die neun Meter hohe Stadtmauer mit den markanten Museggtürmen wurde im 13. Jahrhundert als Stadtbefestigung errichtet.

KKL – Kultur- und Kongresszentrum Luzern

Der eindrückliche Bau am Seebecken ist das Werk des Pariser Architekten Jean Nouvel. Die wegweisende Architektur, aber auch die gebotenen Veranstaltungen und Events haben grosse Bedeutung für die Stadt. Der grosse Konzertsaal ist berühmt für seine phänomenale Akkustik – äusseres Hauptmerkmal des KKL ist das 45 Meter gegen vorne auskragende typische Dach des französischen Architekten.

Luzern Tourismus – Im Bahnhof (Gleis 3) 6003 Luzern
+41 (0)41 227 17 17 – www.luzern.com

Verkehrshaus der Schweiz

Vierwaldstättersee vom Pilatus

Pilatusbahn in der Eselwand

Horwer Halbinsel

Luzerner Seebecken

Ausflüge am See und auf die Berge

Luzern – das Tor zur Zentralschweiz

Alles liegt in unmittelbarer Nähe: Die Personenschiffe starten ab Bahnhof Luzern via Verkehrshaus zu kurzen und langen Kreuzfahrten auf dem Vierwaldstättersee, die Talstationen der Bergbahnen sind mit öffentlichem Verkehr in einer Stunde oder weniger erreichbar. Naheliegend sind Wanderungen zu Fuss am See, oder man ist unterwegs mit Fahrrad oder Kanu.

Verkehrshaus der Schweiz

Das grosse Museum am Luzerner Seebecken präsentiert auf spannende und abwechslungsreiche Art und Weise die Entwicklung des Verkehrs und der Mobilität auf Strasse, Schiene, Wasser, in der Luft und im Weltall. Neben 3'000 Ausstellungsobjekten gehören auch das Swiss Chocolate Adventure, das Filmtheater (3D-Breitleinwand), das Planetarium sowie die Media World zu den Attraktionen.

Pilatus – Goldene Rundfahrt

(17) 48% Steigung in der steilsten Zahnradbahn der Welt, entlang senkrechter Felswände, oder wie im Helikopter-Cockpit mit der Seilbahn durch die Luft schweben... das sind die Gegensätze am Pilatus. Mit dem Kursschiff nach oder ab Luzern lässt sich das Erlebnis kombinieren. Auf dem Berg warten das ehrwürdige Kulm-Hotel, Innen- und Aussenterrassen, die Felsengalerie mit Blick auf Luzern. Seilpark und Rodelbahn auf der Fräkmüntegg (auf der Seite Richtung Kriens) begeistern Jugendliche.

Horwer Halbinsel – zu Fuss oder mit dem Fahrrad

(18) Wo früher die Züge nach Interlaken fuhren, gehts heute gemütlich auf dem «Freigleis» mit dem Velo oder zu Fuss aus der Stadt Luzern zur Horwer Bucht. Dem Seeufer entlang gibts überall Badeplätze, so auch im öffentlichen Park der Villa Krämerstein in absolut malerischer Umgebung. Vorbei am Richard-Wagner-Museum kommt man zurück zum Bahnhof Luzern, dem Ende der 16km langen Rundtour.

Mit dem Kanu über den See paddeln

(19) Einen Sonnentag lang im Boot über das ruhige Wasser des Vierwaldstättersees gleiten und da und dort an einem unberührten Flecken am Ufer eine Rast einlegen. Die «Kanuwelt» in Buochs vermietet Kajaks und Kanadier und bietet auch geführte Touren an. Eine Karte mit spannenden Routen ist online verfügbar.

CabriO Stanserhorn

Hammetschwand, Bürgenstock

Auf der Rigi, Blick zu den Alpen

Rigibahn, Vierwaldstättersee

Titlis Rotair

Cliff Walk

20 CabriO zum Stanserhorn

Wie 1893 fahren in Stans die offenen Holzwagons der Standseilbahn den Berg hinauf. Dann steigen die Gäste um auf das CabriO, die geniale Luftseilbahn mit offenem Oberdeck – keine Seile über dem Kopf, diese befinden sich seitlich. Die Luftseilbahn hat eine Tragseil-Spurbreite von sage und schreibe fünf Meter. Am Freitag- und Samstagabend gibt es Abendfahrten (ohne Zuschlag).

21 Bürgenstock Felsenweg und Hammetschwand-Lift

Nachts sieht man von Luzern aus den beleuchteten Aufzug am Hammetschwand. Wie eine Rakete zum Himmel sieht er aus. Um seinen Gästen einen Spaziergang am Nordhang zu ermöglichen, liess Tourismus-Pionier Josef Bucher-Durrer Anfang des letzten Jahrhunderts den spektakulären Felsenweg bauen.

22 Das Gebiet am Niederbauen

1'500 Meter direkt über dem vierspurigen Seelisberg-Tunnel der Gotthard-Autobahn. Ein echter «Adlerhorst» in der Zentralschweiz, mit Blick in die Tiefe zum Vierwaldstättersee, Richtung Luzern und ins Urnerland. Weniger anstrengend ist der Spazierweg zum Hundschopf, mit Tiefblick 1'200 Meter hinunter zum Urnersee. Die Wanderungen beginnen bei der Bergstation Niederbauen der kleinen Luftseilbahn ab Emmetten.

23 Rigi – von allen Seiten erschlossen

An der Schiffländte in Vitznau befindet sich der eine «Bahnhof» der Rigi-Zahnradbahnen. Ab Arth-Goldau Bahnhof fährt die Bahn ebenfalls steil hoch. Früh schon bestiegen Naturwissenschafter und Dichter den Berg, auf dem 1815 ein erstes Gasthaus gebaut wurde. Im Jahre 1873 erreichte Europas erste Bergbahn dampfend den markanten Kulm-Aussichtspunkt.

24 Engelberg – Bergerlebnis am Titlis

Bereits 1911 fuhr die erste Bahn zur Gerschnialp, dann 1927 die Luftseilbahn zum Trübsee und 1967 zum Titlis. Bis auf eine Höhe von 2'428 m ü.M. fährt man heute mit dem «Titlis Xpress» in 15 Minuten. Umsteigen in die Drehgondel «Rotair» – einmal um die eigene Achse sich drehend schwebt man über den Gletscher dem Kleintitlis auf 3'030 m zu. Freude beim Schneerutschen mitten im Sommer, kalt auf dem Rundgang durch die Gletschergrotte und Nervenkitzel auf der höchstgelegenen Hängebrücke «Cliff Walk». Rundum Spass gibts auch beim Snowtubing: mit dem Gummireifen cool die Piste runterrutschen. Als Kontrast: Auf dem Trübsee kann man Ruderboote mieten.

Zugersee

Luzern – Rapperswil – St. Gallen

Es müssen nicht immer Viertausender und tiefe Schluchten sein… Der «Voralpen-Express» schlängelt sich durch ländliche Gegenden, vorbei an malerischen Örtchen und lieblichen Obstgärten – die sanfte Seite der Schweiz. Die bequemste und attraktivste Verbindung zwischen der Zentral- und Ostschweiz.

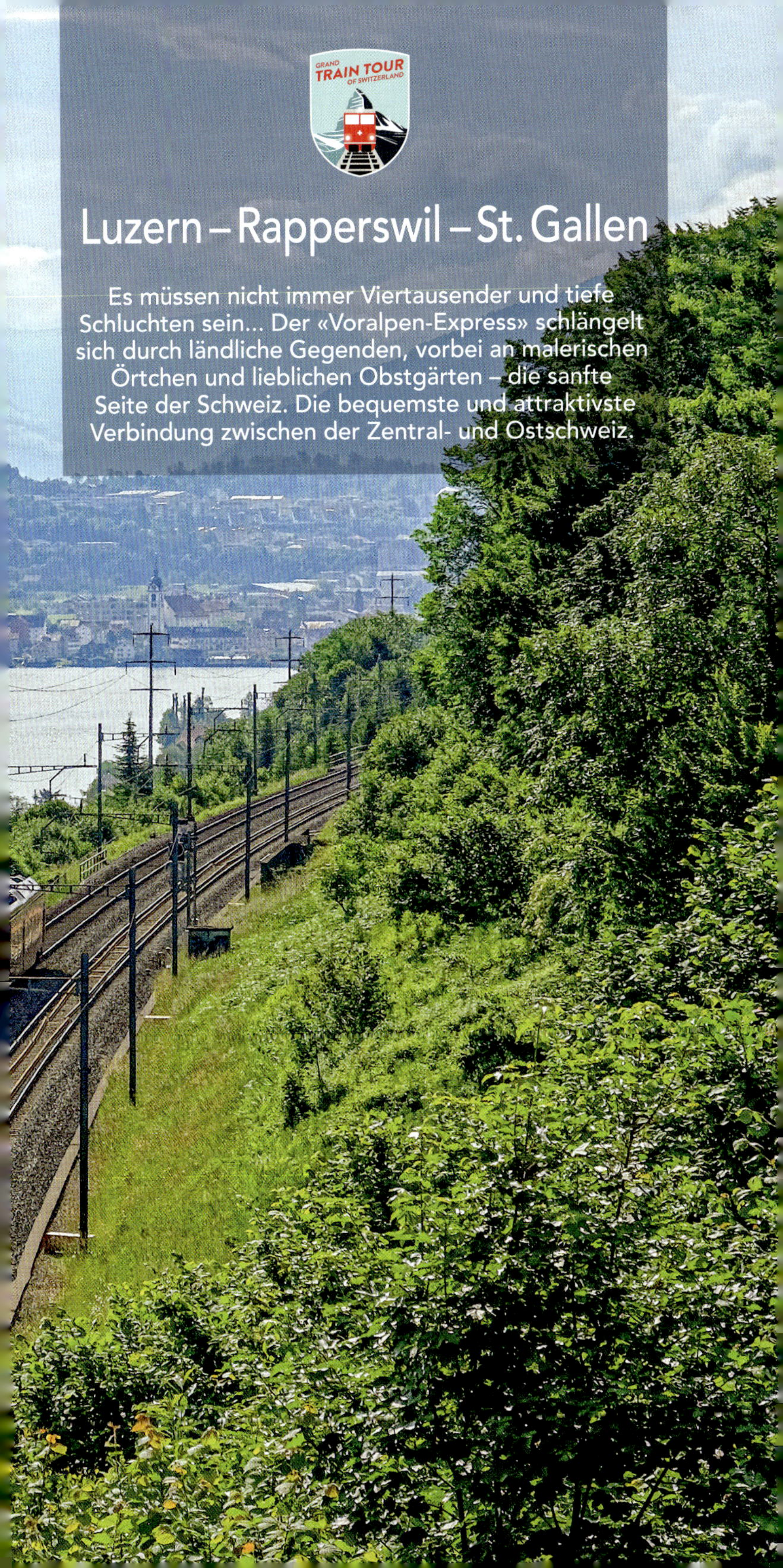

Luzern – Rapperswil – St. Gallen

Der «Voralpen-Express»

Stündlich verkehrt dieser Zug der Südostbahn (SOB) zwischen Luzern und St. Gallen. Auf der Strecke fasziniert die Sicht auf die Rigi und die Schwyzer Mythen. Der kupferfarbene Zug rollt bei Rothenthurm vorbei an der grössten zusammenhängenden Hochmoorfläche der Schweiz und weiter über den Seedamm – wir lassen den Blick weit über den Zürichsee schweifen. Durch das hügelige Toggenburg mit seinem urchigen Charme und über das Sitterviadukt gelangt der Voralpen-Express in die Ostschweizer Metropole St. Gallen.

1. Küssnacht am Rigi
2. Immensee
3. Arth-Goldau
4. Mythen (Schwyz)
5. Rothenthurm
6. Einsiedeln
7. Pfäffikon
8. Rapperswil
9. Obersee
10. Rickentunnel
11. Toggenburg
12. Lichtensteig
13. Mogelsberg
14. Gübsensee
15. Sitterviadukt
16. St. Gallen
17. Appenzellerland
18. Rorschach, Alter Rhein
19. Bischofszell
20. Säntis

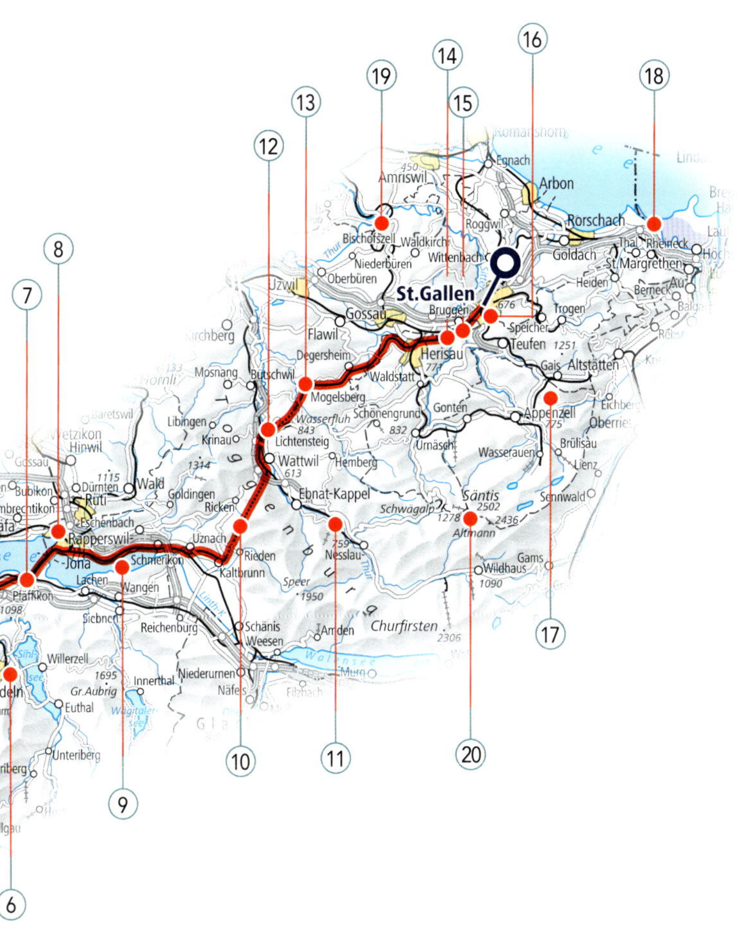

6
7
8
9
10
11
12
13
14
15
16
17
18
19
20
Egnach
Arbon
Amriswil
Roggwil
Rorschach
Goldach
Thal
Rheineck
St. Margrethen
Heiden
Berneck
Au
Bischofszell
Waldkirch
Niederbüren
Wittenbach
Oberbüren
Uzwil
St. Gallen
Bruggen
Gossau
Flawil
Kirchberg
Degersheim
Herisau
Speicher
Trogen
Teufen
Gais
Altstätten
Waldstatt
Mogelsberg
Mosnang
Bütschwil
Hörnli
Libingen
Krinau
Wasserfluh
Lichtensteig
Schönengrund
Gonten
Appenzell
Eichberg
Oberriet
Urnäsch
Wasserauen
Brülisau
Lienz
Wattwil
Hemberg
Ebnat-Kappel
Säntis
Schwägalp
Altmann
Sennwald
Gams
Wildhaus
Nesslau
Churfirsten
Speer
Amden
Walensee
Murg
Wetzikon
Hinwil
Bubikon
Dürnten
Wald
Rüti
Eschenbach
Goldingen
Ricken
Rapperswil
Jona
Schmerikon
Uznach
Rieden
Kaltbrunn
Lachen
Wangen
Pfäffikon
Siebnen
Reichenburg
Schänis
Weesen
Niederurnen
Näfels
Willerzell
Gr. Aubrig
Innerthal
Euthal
Unteriberg

Seedamm Rapperswil

Reiseinformationen und Tipps

Seit 1940 verkehren direkte Züge auf dieser Strecke zwischen der Zentralschweiz und der Ostschweiz. Nach und nach kam die Verlängerung bereits ab Luzern. Heute fahren die kupferfarbenen Züge stündlich vom Vierwaldstättersee in die Ostschweizer Zentrale St. Gallen, vorbei an der eindrücklichen Rothenthurmer Hochmoorebene, über den Seedamm bei Rapperswil, durch das hügelige Toggenburg und kurz vor St. Gallen über das höchste Eisenbahnviadukt der Schweiz.

Entlang der Voralpen ohne Umsteigen nach St. Gallen

Dreizehn mal pro Tag verlässt der Voralpen-Express die Stadt Luzern. Die vielfältige Reise dauert rund 2 Stunden und 15 Minuten, sie ist somit genau gleich lang wie die Verbindung ohne Umsteigen via Zürich – nur viel schöner und eben abwechslungsreicher. Über weite Strecken fährt der Voralpen-Express durch Naturlandschaften, vorbei an kleinen Siedlungen – ein echter Gegensatz zum Grossraum Zürich. Der Name des Zuges ist Programm: Man wechselt von einem Gelände in ein völlig anderes, vom See zum Hochmoor, vom breiten Tal in die kleinkammerige Hügellandschaft. Und immer am Rand der Schweizer Voralpen.
Der attraktive Voralpen-Express startet im Bahnhof Luzern und endet im Bahnhof St. Gallen, der Zug fährt das ganze Jahr.

Ausstattung im Zug und Verpflegung

Der Voralpen-Express ist im Grunde genommen ein «Panorama-Express», wird aber offiziell als Interregio-Zug aufgelistet, mit der Unterbezeichnung «Voralpen-Express». Es handelt sich um eine moderne Zugskomposition in Aluminium-Leichtbauweise mit stufenlosen Eingängen und grosszügiger, übersichtlicher Innenraumgestaltung mit grossen Fenstern. Im Zug hat es zwei moderne Bistrozonen mit Snack- und Getränkeautomaten sowie einem Kaffeeautomaten.

Fahrscheine / Reservation

Beim Voralpen-Express handelt es sich bezüglich Billette um einen (normalen) Interregio-Zug, das heisst, es sind alle normalen Fahrausweise in 1. und 2. Klasse gültig. Für Einzelreisende ist eine Sitzplatzreservierung zwar möglich, aber nicht obligatorisch, bereits ab 10 Personen ist die Reservierung zwingend (diese ist für Gruppen kostenlos).

Individuelle Gestaltung der Reise

Vielgestaltig sind auf dieser Strecke auch die Anknüpfungspunkte und Verbindungen zu anderen Verbindungen. Bereits in Arth-Goldau bestehen Anschlüsse Richtung Tessin, ab Biberbrugg erreicht man in kurzer Zeit das Klosterdorf Einsiedeln. Pfäffikon, Rapperswil und Uznach sind weitere Haltestellen, wo der Voralpen-Express andere Bahnlinien kreuzt. Und in Wattwil gibts Umsteigemöglichkeiten im Toggenburg. In Herisau schliesslich bietet sich ein direkter Anschluss Richtung Appenzellerland oder hinunter nach Gossau.

Gut zu wissen

Der Voralpen-Express bildet die (ebenso) attraktive Verlängerung der Panorama-Strecke Montreux – Spiez – Interlaken – Luzern. Es ergibt sich so eine durchgehende Verbindung von Ost nach West, ohne Schnellstrecken im Mittelland zu benutzen.

www.voralpenexpress.ch

Küssnacht am Rigi

Hohle Gasse

Rigi-Nordlehne

Arth-Goldau

Von Luzern nach Arth-Goldau

Die aussichtsreiche, einspurige Strecke entlang des Küssnachtersees wurde ursprünglich als Luzerner Gotthard-Zubringer gebaut. Vor dreissig Jahren drohte deren Stilllegung, weil die Nord-Süd Züge via Rotkreuz geleitet werden. Der Voralpen-Express fährt weiterhin auf dem schönen Abschnitt den Seen entlang bis Arth-Goldau.

1 Küssnacht am Rigi – mit Schiffverbindung nach Luzern

Einer der drei Arme des nördlichen, unteren Teils des Vierwaldstättersees ist der Küssnachtersee. Am Seeende liegt Küssnacht am Rigi mit schöner Uferpromenade und hübschem Ortskern. Eine moderne, kleine Luftseilbahn fährt zur Seebodenalp auf halber Höhe zur Rigi, ein stiller Ort mit herrlicher Aussicht zum Pilatus und ins Schweizer Mittelland.

Die «Hohle Gasse» – sagenumwobener Ort

«Durch diese Hohle Gasse muss er kommen, es führt kein anderer Weg nach Küssnacht», soll Wilhelm Tell gesagt haben, als er dem Landvogt Gessler zwischen Zuger- und Vierwaldstättersee auflauerte. Auf der einstigen Handelsroute erschoss Tell seinen Erzfeind mit jenem Armbrustpfeil, den er sich beim «Apfelschuss» auf die Seite gelegt hatte. Heute ist der Ort eine bedeutende, «historische» Erinnerungsstätte mit modernem Informationspavillon.

2 Rigi-Nordlehne – ein teurer Bahnabschnitt

Täglich fahren hundert Personenzüge am Fuss der Rigi durch, das sind 2,5 Mio. Reisende pro Jahr. Die steilen Hänge zwischen Immensee und Arth-Goldau verursachen mit Nagelfluh und weicheren Mergelschichten immer wieder Steinschläge und Geröllawinen. Nur dank «Wald mit besonderer Schutzfunktion» und aufwändigen baulichen Massnahmen (zum Beispiel Erddämme) kann die Stecke sicher befahren werden.

3 Bahnknotenpunkt Arth-Goldau

Faszinierende Bahnanlage. Gebäude und Busterminal liegen zwischen den beiden Linien Tessin – Luzern/Basel und jener nach Zürich. Quer über den Gleisen (Seite Luzern) befindet sich der historische Hochperron der Arth-Rigi-Bahn. Das ergibt interessante Umsteigemöglichkeiten. Kurz nach dem Bahnhof zweigt der Voralpen-Express von der Gotthard-Verbindung ab.

Anrissgebiet Bergsturz von Goldau

Mythen, Vierwaldstättersee

Rothenthurm

Samstagern, Zürichsee

Kloster Einsiedeln

Direkt von der Zentralschweiz zum oberen Zürichsee

Von Arth-Goldau an den Zürichsee bewegt sich der Voralpen-Express fast ausschliesslich im Kanton Schwyz. Der Kanton erstreckt sich vom hintersten Muotatal bis zum Weiler Hurden auf dem Seedamm und zu den beiden Inseln im Zürichsee. Bis Rothenthurm steigt die Linie stattliche 400 Meter, um dann bis an den Zürichsee wiederum 500 Meter abzusteigen.

3 Der Bergsturz von Goldau

Alljährlich am 2. September, nachmittags um fünf Uhr, läutet die grosse Glocke der Pfarrkirche von Goldau. Damit wird an die Naturkatastrophe von 1806 erinnert. Binnen weniger Minuten verschüttete eine gigantische Schuttmasse, 40 Millionen m^3 Nagelfluhgestein das Tal zwischen Rigi und Rossberg. Steinbrocken sind nach Ausfahrt aus dem Bahnhof Arth-Goldau gut zu erkennen.

4 Die beiden Mythen – Wahrzeichen der Urschweiz

Über dem Schwyzer Talkessel thronen die zwei markanten Felspyramiden. Ein steiler Bergweg führt von der Holzegg (Seilbahn vom Alptal oder via neue Rotenflue-Bahn) mit 500 Meter Höhenunterschied zum Bergrestaurant auf dem Grossen Mythen. Der Kleine Mythen verlangt leichte Kletterei.

5 Rothenthurm – Landschaft von besonderer Schönheit

Wir durchfahren das grösste Moorgebiet der Schweiz. Reste von Bergföhren-Hochmooren, Fichtenwälder Gehölze, alte Torfstiche, Flachmoore und das mäandrierende Flüsschen Biber mit seiner Auenvegetation machen den Reiz dieser Gegend aus. Die weite Landschaft ist ein wichtiges Schutzgebiet für Tiere und Pflanzen.

6 Kloster Einsiedeln und die Schwarze Madonna

Seit mehr als 1'000 Jahren pilgern Menschen hierhin. Mitten in der Barockkirche des Klosters steht unter einem Freskengewölbe die Gnadenkapelle mit der vielbesuchten schwarzen Madonna. Die Klosteranlage umfasst neben Wohnraum für die Mönche eine Stiftsschule, zehn Werkstätten, eine Kellerei für den klostereigenen Wein sowie renovierte öffentliche Stallungen für die Pferde aus der eigenen Zucht.

7 Hinunter an den Zürichsee

Nach Biberbrugg verlässt die Bahn zwischen den Hügelzügen Höhronen und Etzel die voralpine Landschaft und schlängelt sich von Schindellegi über Samstagern und Wollerau hinunter nach Pfäffikon am Ufer des Zürichsees.

Fussgänger-Holzbrücke Rapperswil–Hurden

Brückenkapelle «Heilighüsli»

Schloss Rapperswil

Schmerikon

Nuoler Ried, Obersee

Am Obersee

Rickentunnel

Verbindung quer zu den Haupt-Verkehrsadern

Die grossen Verkehrsströme führen auf Strasse und Bahn aus dem Raum Zürich Richtung Rheintal und Chur. Der Voralpen-Express quert diese stark frequentierten Achsen und sticht durch den Rickentunnel vom Zürichsee in die Voralpen der Ostschweiz.

8 Seedamm Rapperswil – Holzsteg und Heilighüsli

Schon im Mittelalter überquerten hier die Jakobs-Pilger auf einem schwankenden, geländerlosen, einfachen Holzsteg den See. Noch früher gab es nur eine Fähre. Heute führt (neben dem Seedamm mit Strasse und Bahn) für Fussgänger von der Halbinsel Hurden eine 841 Meter lange, moderne Holzkonstruktion übers Wasser, zum «Heilig Hüsli» auf einem Inselchen und weiter nach Rapperswil – mit Geländer! Es ist die längste neuzeitliche Holzbrücke der Schweiz.

Rapperswil – die Rosenstadt am Zürichsee

In vier Rosengärten blühen Tausende von Rosenpflanzen – sie zieren das Wappen der Stadt Rapperswil-Jona am oberen Zürichsee. Die unter Denkmalschutz stehende mittelalterliche Altstadt, die Seepromenade und das Schloss laden zum Verweilen ein. Vom Schlosshügel bietet sich ein Panoramablick von den Glarner Alpen bis ins Zürcher Oberland und über die beiden Teile des Zürichsees, wo Kursschiffe, darunter der Schaufelraddampfer «Stadt Rapperswil», bis nach Zürich fahren.

9 Rietgebiete um den Obersee und in der Linthebene

Grosse Teile des obersten Teils des Zürichsee, Obersee genannt, sind Naturschutzgebiete von nationaler Bedeutung mit Rietgebieten, Flachmooren, Schilf und Flachwasserzonen. Sie bieten vielen, an anderen Seeufern verschwundenen Lebewesen einen Lebensraum. Im Frühling und Herbst herrscht zum Beispiel im Kaltbrunner Riet Hochbetrieb – auf ihren weiten Flügen zwischen Nord und Süd nutzen die Zugvögel das Feuchtgebiet gerne für einen kurzen Zwischenstopp.

10 Der Rickentunnel – vom Zürichsee ins Toggenburg

Von der Linthebene Richtung St. Gallen macht der «Voralpen-Express» seinem Namen alle Ehre. Bereits nach Kaltbrunn fährt der Zug durch den 8,6 Kilometer langen, einspurigen Tunnel nach Wattwil im Toggenburg, vom Einzugsgebiet von Linth/Limmat hinüber zur Thur.

Bahnhof Lichtensteig

Lichtensteig, Toggenburg

Mogelsberg

Gübsensee

Sitterviadukt

Vom Toggenburg nach St. Gallen

Nach dem 3,5 Kilometer langen, ebenfalls einspurigen Wasserfluhtunnel windet sich der Voralpen-Express erneut quer zu Flussläufen (Necker, Glatt, und Sitter) mit einer äusserst attraktiven Kurvenstrecke via Degersheim und Wattwil in Richtung St. Gallen.

11 Toggenburg – Bahngeschichte übers Kreuz

Seit 1870 gibt es die Toggenburgerbahn von Wil entlang der Thur via Lichtensteig nach Ebnat. Der Bahnhof Lichtensteig wurde mit dem Bau der Bodensee-Toggenburg-Bahn (unsere Strecke) 1910 zum Verkehrsknotenpunkt, zusammen mit Wattwil, wo die Bahn durch den Rickentunnel abzweigt.
Die touristisch erschlossene «Ferienregion Toggenburg» befindet sich im Obertoggenburg, zwischen Churfirsten und Säntis.

12 Lichtensteig – ein wenig beachtetes Juwel an der Thur

Die schmucke historische Altstadt liegt im Tal der Thur, im Herzen des Toggenburgs. Hier ist die «Erlebniswelt Toggenburg», ein Ort der Bubenträume: grösste Hobby-Eisenbahnanlage Europas in Spur 0 sowie alte Motorräder und Landmaschinen sind nur einige der besonderen Attraktionen.

13 Mogelsberg – der erste Baumwipfelpfad der Schweiz

Der fünfhundert Meter lange Weg schlängelt sich vom Waldboden bis zu den Baumkronen. Infostationen laden ein, die Bäume zu entdecken, dem Wald zu lauschen und Waldtiere kennenzulernen. Die Aussichtsplattform erhebt sich fünfzig Meter vom Boden, in schwindelnder Höhe blickt man über das Neckertal bis zu den Churfirsten und ins Appenzellerland.

14 Gübsensee – Naturschutzgebiet und Jogger-Eldorado

Der langgezogene See zwischen Herisau und St. Gallen ist ein beliebtes Naherholungsgebiet, der Gübsenseeweg ein gerne und oft begangener Spazierweg ohne Steigungen. Er führt über die um 1900 erbaute Gewichtsstaumauer – eine der ältesten dieser Art in der Schweiz.

15 Sitterviadukt der Südostbahn SOB

Kurz vor St. Gallen überquert der Voralpen-Express den 365 Meter langen Sitterviadukt, eine imposante Steinbogenbrücke mit Fischbauchträger in der Mitte. Mit seinen 99 Metern Höhe gilt er als höchste Eisenbahnbrücke der Schweiz, 1910 wurde das Bauwerk fertiggestellt. Beim Überqueren offenbart sich (kurz) ein Blick zum Säntis.

Stiftsbibliothek, St. Gallen

Textilausstellung

... im Textilmuseum St. Gallen

Stadtlounge Roter Platz

Drei Weieren

Stiftsbezirk...

St. Gallen

St. Gallen

Vielseitig und doch völlig überschaubar

Im Jahr 612 liess sich der irische Mönch Gallus hier nieder. In einer damals einsamen, kaum bewohnten Gegend gründete er seine Einsiedlerzelle. Heute entzückt die «Metropole der Ostschweiz» mit ihrer teils autofreien Altstadt und den reizvollen, buntbemalten Erkern. Wahrzeichen von St. Gallen ist die barocke Kathedrale mit der Stiftsbibliothek. International bekannt ist die Stadt nicht zuletzt für ihre textile Tradition.

16 Stiftsbibliothek – Bücher sind mehr als 1'000 Jahre alt

Der wohl schönste nichtkirchliche Barocksaal der Schweiz überrascht mit seiner reichen Rokoko-Ausstattung. Mehrere zehntausend Bücher umfasst die Stiftsbibliothek, darunter frühmittelalterliche Original-Handschriften. Der Stiftsbezirk mit der barocken Kathedrale und der weltberühmten Bibliothek wurde 1983 von der Unesco zum schützenswerten Welterbe erklärt.

Textilmuseum im «Palazzo Rosso»

Historische Stickereien, handgearbeitete Spitzen, aussereuropäische Textilien, alte Gewebe und Kostüme aus mehreren Jahrhunderten – das Museum zwischen Bahnhof und Klosterbezirk ist einzigartig. Die Sammlung von Hand- und Maschinenstickereien aus der Ostschweiz dokumentiert die eindrückliche Entwicklung der St. Galler Stickereiindustrie.

Der Rote Platz in St. Gallen

Das grösste öffentliche Wohnzimmer der Schweiz, unter freiem Himmel. Öffentliche Plätze und auch Strassen im Bleicheli-Quartier (nahe beim Bahnhof) wurden künstlerisch gestaltet, mit rotem Kunststoffgranulat überzogen. Die «Stadtlounge» entwarfen die renommierte Schweizer Künstlerin Pipilotti Rist und der Architekt Carlos Martinez.

Freibäder im Süden der Stadt

Die berühmten «Drei Weieren», ursprünglich vom Kloster St. Gallen zur Wasserversorgung angelegt und später bei Feuersbrünsten genutzt, zählen sicher zu den schönsten und beliebtesten Naturschwimmbädern der Schweiz.

Tourist Information St. Gallen – Bankgasse 9 – 9001 St. Gallen
+41 (0)71 227 37 37 – www.st.gallen-bodensee.ch

Appenzell, Richtung Osten

Am Alten Rhein

Bischofszell

Alte Thurbrücke

Berggasthaus «Alter Säntis»

Schwebebahn zum Säntis

Ausflüge zwischen Bodensee und Säntis

Wer die Wahl hat

Die Erlebnisregion St. Gallen-Bodensee ist reich an ganz unterschiedlichen Ausflugs- und Besuchsmöglichkeiten. Spannende Bahn-Rundfahrten, ein Nachmittag mit dem Kursschiff auf dem Bodensee, Wanderungen im Appenzellerland, Velotouren entlang des Bodensees oder viele kulturelle Highlights finden sich im Internet.

Das Netz der Appenzellerbahnen

17

Die roten Züge gehören zum Appenzellerland wie Witz, Kuhgürtel und Biberli. Seit 2006 gehören alle schienengebundenen Bahnen im Hügelland zwischen St.Gallen und dem Rheintal zu derselben Gesellschaft, den «Appenzeller Bahnen». So fährt die S21 in vierzig Minuten ab Bahnhofplatz St. Gallen direkt nach Appenzell. Andere Linien verbinden das Rheintal mit Gais, Rorschach mit Heiden oder Rheineck mit Walzenhausen.

Von Rorschach am Bodensee zum Alten Rhein

18

Das Ausflugsschiff erreicht nach einer halben Stunde den «Rheinspitz», die Mündung des Alten Rheins. Auf der anschliessenden Fahrt im engen Kanal bis Rheineck gibt es unzählige Vogelarten zu beobachten. Zurück nach Rorschach und weiter nach St. Gallen fahren Züge, oder man nimmt die Zahnradbahn nach Walzenhausen zum Appenzeller Witzweg.

Die «Rosenstadt» Bischofszell

19

Sie verdient ihren Namen: neue Rosengärten, Rosenwochen, Rosenbälle. Zu Recht ist man aber auch stolz auf das barocke Stadtbild. Das prächtige Rathaus mit den goldenen, weissen und rosafarbenen Verzierungen ist allein schon eine Reise wert. Die achtjochige spätmittelalterliche Brücke über die Thur ihrerseits ist ein Zeuge aus historischer Zeit.

Säntis – der Aussichtsberg in der Ostschweiz

20

Imposant ist die Fahrt mit der «Schwebebahn» von der Schwägalp über die Felsbänder zur Bergstation. Auf der Aussichtsplattform unter dem Sendeturm verweilt man gerne und versucht Berge von nah und fern zu bestimmen. Sonnenauf- und Untergänge sind bleibende Erinnerungen, ebenso Vollmondfahrten oder eine Nacht im Berggasthaus «Alter Säntis». Schon seit 1846 werden Bergbesteiger auf dem Säntis bewirtet, anfänglich in einer einfachen Schutzhütte.

Ermatingen, Untersee

GRAND
TRAIN TOUR
OF SWITZERLAND
St. Gallen – Bodensee – Zürich
Das Element Wasser beeindruckt auf dieser Strecke:
Der Bodensee und der Rhein sind (fast) ständige
Begleiter, 40 Kilometer fährt die Bahn immer am Ufer
des drittgrössten Binnensees Europas entlang.
Auch der grösste Wasserfall Mitteleuropas
lässt sich vom Zug aus bestaunen.

St. Gallen – Bodensee – Zürich

Die «Seelinie» und das «Züribiet»

Durch ländliche Hügellandschaften erreicht die Regionalbahn «Thurbo» den Bodensee. Es folgt die gemütliche Fahrt nach Kreuzlingen und weiter nach Stein am Rhein und Schaffhausen. Kenner sitzen auf der rechten Seite in Fahrtrichtung, obschon links im Frühling die Apfelbäume des Thurgaus herrlich blühen. Vorbei am Rheinfall, über die imposante Eisenbahnbrücke von Eglisau und entlang des Flughafens erreichen wir von Schaffhausen aus direkt den Hauptbahnhof Zürich.

1 Romanshorn
2 Bodensee
3 Altnau
4 Kreunzlingen, Konstanz
5 Insel Reichenau
6 Salenstein, Arenenberg
7 Stein am Rhein
8 Diessenhofen
9 Schaffhausen
10 Schaffhauser Randen
11 Rafzerfeld
12 Eglisau
13 Marthalen
14 Andelfingen
15 Zürich
16 Üetliberg
17 Baden
18 Winterthur

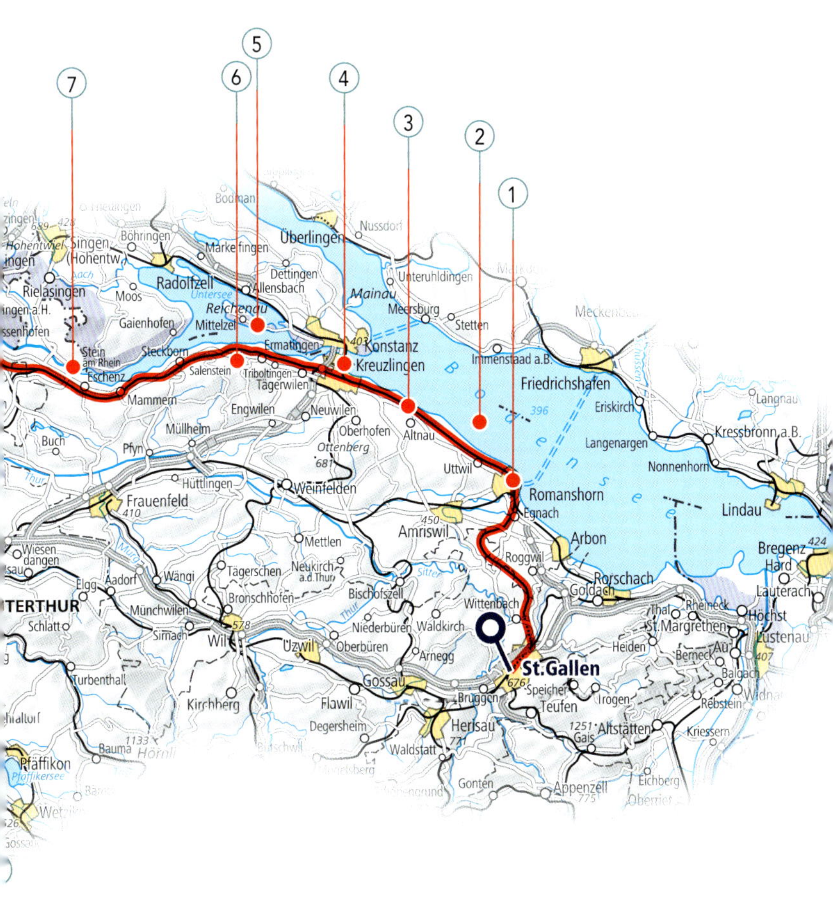
1
2
3
4
5
6
7
St.Gallen
Romanshorn
Konstanz
Kreuzlingen
Friedrichshafen
Überlingen
Radolfzell
Reichenau
Bodensee
Frauenfeld
Weinfelden
Amriswil
Arbon
Rorschach
Lindau
Bregenz
Herisau
Gossau
Appenzell

Eglisau

Reiseinformationen und Tipps

Der «Thurbo» verbindet auf der «Seelinie» (S1) die Stadt St. Gallen mit Schaffhausen. Das schweizerische und das deutsche Bodenseeufer sind zuerst elf und später sieben Kilometer voneinander entfernt. Fähren verbinden Romanshorn mit Friedrichshafen und Staad bei Konstanz mit Meersburg. Am Untersee wird es enger und nach Stein am Rhein fährt die Seelinie nicht mehr fortlaufend parallel zum Rhein. Sanfte Hügel prägen die Landschaft, bevor der Zug sich der Kantonshauptstadt Schaffhausen nähert – auf der imposanten Brücke überquert der Thurbo den Rhein mit Blick zum Munot.
Die direkte Fahrt von Schaffhausen nach Zürich führt über deutsches Gebiet nach Eglisau am Rhein und am Flughafengelände vorbei.

Dem Bodensee entlang und durch das Züribiet

Zwei Stunden dauert die gemütliche Fahrt im Regionalzug von St. Gallen bis nach Schaffhausen. Die Züge fahren im Halbstundentakt und halten (teils nur auf Verlangen) entlang des Sees – Ruhe und Gemächlichkeit bestimmen den Rhythmus, Panorama-Aussichten und die Weite sind Höhepunkte.
In Schaffhausen lohnt sich ein längerer Aufenthalt in der Altstadt, das Besteigen des Munots oder der Besuch am Rheinfall. Die anschliessende Fahrt via deutsches Gebiet und bei Eglisau wieder über den Rhein dauert je nach SBB Zug vierzig Minuten bis knapp eine Stunde. Die Verbindung via Winterthur ist etwas länger (Fahrzeit rund eine Stunde). Fünf Züge fahren ab Schaffhausen jede Stunde Richtung Zürich.

Ausstattung der Züge

Alle Züge, sowohl auf der Thurbo Seelinie wie auch von Schaffhausen nach Zürich verfügen über Plätze 1. und 2. Klasse. Ein Bistro-Angebot gibt es auf keiner dieser Verbindungen. Also einen Apfel aus dem Thurgau auf die Fahrt mitnehmen.

Fahrscheine / Reservation

Auf diesen beiden Strecken sind alle normalen Bahntickets gültig. Die Sitzplatzreservierung ist nur auf dem IC, der von Stuttgart oder Singen kommt, von Schaffhausen nach Zürich HB möglich, aber nicht obligatorisch.

Individuelle Gestaltung der Reise / Alternative Routen

Die Strecke von Schaffhausen via deutsches Gebiet, Rafzerfeld, Eglisau und Bülach wird häufiger benutzt als jene via Winterthur. Dennoch ist die Strecke durch das Zürcher Weinland, vorbei an den Riegelhäusern von Marthalen und über den schlanken Thur-Viadukt bei Andelfingen ein landschaftliches Erlebnis. Nur ein Zug der Strecke via Winterthur hält stündlich auch am Flughafen Zürich.

Gut zu wissen

Der Name «Thurbo» leitet sich von «Thurgau» und «Bodensee» ab. Der Rheinfall hat zwei Haltestellen der SBB: Auf der Nordseite die neue Station «Neuhausen Rheinfall» der S-Bahn-Linie Richtung Bülach/Zürich, und auf der Südseite hält eine der S-Bahnen nach Winterthur/Zürich beim «Schloss Laufen am Rheinfall» (Fahrplan beachten).

Romanshorn

Bei Berlingen

Skatingparadies Bodensee

Apfelweg Altnau

Rheintorturm Konstanz

Zentrum von Konstanz

Thurbo-Seelinie dem Bodensee entlang

Kanton «Thurgau» und «Bodensee» sind namensgebend für die hier fahrenden Züge. Der stündlich verkehrende RegioExpress nennt sich auch «Bodensee-Express», in Romanshorn und Kreuzlingen Hafen wie auch an anderen Stationen bestehen vom Frühling bis Herbst Anschlüsse an die Schifffahrt.

1 Romanshorn – Die Hafenstadt am Bodensee

Bahnhof und Hafen liegen direkt nebeneinander, das zeigt die (einstige) Bedeutung der Schiffsverbindung über den See nach Friedrichshafen. Ganze Eisenbahnzüge querten so den See. Heute verkehrt immer noch die Autofähre im Stundentakt. Die Eisenbahn-Erlebniswelt «Locorama» wie auch die Autobau Erlebniswelt sind Museen, wo die Objekte angefasst werden dürfen.

2 Den Blick über den See geniessen

Die Thurbo-Seelinie fährt stets in Ufernähe – der weite Blick über den Bodensee ist wohltuend. Die einfache Wegstrecke mit perfekten Belägen (nicht die Eisenbahngleise) gilt unter den Inline-Skatern als Flaniermeile, ideal für ein Familienerlebnis. 900 Kilometer beschilderte Routen auf Nebensträsschen und landwirtschaftlichen Nutzwegen machen aus dem Thurgau auch das Paradies für Biker und Velofahrer.

3 «Mostindien» – geläufiger Name für den Thurgau

Der Name stammt vermutlich von einer humoristischen Zeitung, die 1853 diesen Namen kreierte. Landwirtschaft und vor allem Obstanbau haben im Kanton Thurgau eine lange Tradition, jeder dritte in der Schweiz genossene Apfel kommt von hier. Bei Altnau führen drei Themenwege rund um das ländliche Dorf und vermitteln viel Wissenswertes über die rotbackige Frucht.

4 Konstanz/Kreuzlingen – faktisch zusammengewachsen

Viele Züge aus der Schweiz wenden in Konstanz (Deutschland), nach einem Halt in Kreuzlingen. Der Rhein liegt nördlich von Konstanz, er bildet nicht die Grenze. Einmalig in Europa ist die «Kunstgrenze», statt durch einen Zaun getrennt, markieren 22 Skulpturen die Landesgrenze zwischen Deutschland und der Schweiz. Konstanz hat eine attraktive Altstadt, die gerne zum Shopping besucht wird. Umstrittenes (aber deshalb oft fotografiertes) Wahrzeichen ist die «Imperia» an der Hafeneinfahrt, eine 9 Meter hohe, 18 Tonnen schwere Figur.

Insel Reichenau

Napoleonmuseum Arenenberg

Salenstein, Untersee

Schifffahrt Hochrhein

Stein am Rhein

Am Untersee

Untersee und Hochrhein

Bei Kreuzlingen haben wir das 473 km² grosse Hauptbecken des Bodensees verlassen. Der Rhein bei Konstanz ist lediglich vier Kilometer lang und mündet dann sogleich in den Untersee (63 km²), eigentlich ein Arm des Bodensees. Bei Stein am Rhein beginnt der Hochrhein, der bis Basel so genannt wird. Wir fahren im Thurbo bis Schaffhausen.

5 Insel Reichenau mitten im Untersee

Rechts erkennt man die bekannte Insel auf deutschem Gebiet. Über den vor 200 Jahren künstlich aufgeschütteten Damm mit einer eindrücklichen Pappelallee ist sie mit dem «Festland» verbunden. Ausgedehnte Gemüsefelder, Weinberge und die drei romanischen Kirchen machen den Reiz aus der als Wandergebiet bekannten «reichen Au».

6 Schloss Arenenberg, Napoleonmuseum

Hoch über dem Untersee, im stilvoll eingerichteten Haus lebte nach 1817 Louis Napoleon, der spätere Kaiser Napoleon III von Frankreich – er soll laut Berichten auch Thurgauer Dialekt gesprochen haben. Hortense, seine Mutter, liess Tapeten, Möbel und Bilder in Erinnerung an Napoleon I hierher nach Salenstein schaffen. Die Räume sind heute im Napoleonmuseum zugänglich.

7 Stein am Rhein

Am Ende des Untersees, dort wo der See endgültig wieder zum Rhein wird, liegt das charmante, lebendige Städtchen mit den gut erhaltenen Fachwerkhäusern, den hübschen Erkern und bunt bemalten Fassaden. Im Dezember verwandelt sich Stein am Rhein jeweils zur bekannten «Märlistadt». Über dem Ort thront die mittelalterliche Festung Hohenklingen.

8 Personenschiffe auf Bodensee, Untersee und Hochrhein

Zwischen Rheineck am Alten Rhein (oberes Ende des Bodensees) und Schaffhausen verkehren Kursschiffe unterschiedlicher Grösse und unterschiedlich oft. Die grösseren unter ihnen verbinden auf verschiedenen Routen die Uferorte am Bodensee. Die kleineren Boote fahren von Kreuzlingen via Untersee und Stein am Rhein, dann auf dem Hochrhein bis Schaffhausen.

Munot, Schaffhausen

Munot-Turm

Rheinfall, Schloss Laufen

Am Lindli

Weidling

Siblinger Randenturm

... Blick ins Klettgau

Schaffhauserland – Stadt, Kanton, Erholungsgebiet

Der Kanton Schaffhausen (Fläche ähnlich wie Genf oder Nidwalden) bildet die nördlichste Spitze der Schweiz. Er liegt fast ausschliesslich nördlich des Rheins. Die gleichnamige Stadt beherbergt fast die Hälfte der Kantonsbevölkerung. Verwinkelte Gässchen, gotische und barocke Zunft- und Bürgerhäuser – hier sieht man sich 1'000 Jahre zurückversetzt. Wegen der 171 Erkern und den kostbar bemalten Häuserfassaden gilt die verkehrsfreie Altstadt als eine der malerischsten der Schweiz.

9 Der Munot – Wahrzeichen von Schaffhausen

Über den Häusern wacht der Munot, das ringförmige Bollwerk aus dem 16. Jahrhundert. Jeden Abend um 21 Uhr läutet der Wächter/die Wächterin im Turm das Munotglöcklein, früher Zeichen zum Schliessen der Stadttore und Wirtshäuser.

Rheinfall – 600'000 Liter

So viel Wasser stürzt im Sommer durchschnittlich auf einer Breite von 150 Metern jede Sekunde 23 Meter in die Tiefe. Das ist der Rheinfall, grösster Wasserfall Europas. Zugang zu den tosenden Wassermassen gibt es beim Schlössli Wörth oder beim Schloss Laufen auf der gegenüberliegenden Seite. Kleine Boote bringen Besucher mitten in das Wasserspektakel zum Felsen im Rheinfall.

Mit dem Weidling fast geräuschlos auf dem Rhein

Ohne Motor kann das aus Massivholz gefertigte, neun Meter lange Flachboot nur mit Stacheln dem Ufer entlang flussaufwärts gestossen werden – flussabwärts lässt man sich treiben, die Fahrt wird dann mit dem Stehruder kontrolliert. Zwischen Schaffhausen und Diessenhofen werden für Gäste Fahrten angeboten – eine ganz besondere Art, den Rhein kennenzulernen.

10 Schaffhauser Randen – ein Stück Jura

Die Naturpark-Landschaft im Norden der Stadt Schaffhausen ist geprägt durch ein Mosaik aus Wald und extensiv landwirtschaftlich genutzten Flächen. Auf vier Anhöhen stehen begehbare Aussichtstürme, der «Chläggiblick» auf dem Siblinger Schlossranden bietet einen tollen Blick über das Klettgau.

Schaffhauserland Tourismus – Vordergasse 73 – 8200 Schaffhausen
+41 (0)52 632 40 20 – www.schaffhauserland.ch

Lottstetten

Eglisau

Marthalen

Naturschutzgebiet Thurauen

Von Schaffhausen zurück nach Zürich

Zwei Wege führen nach Zürich. Die schnellste Verbindung am Rheinfall vorbei, dann über deutsches Gebiet und via Eglisau, Bülach – der InterCity ohne Halt bis Zürich HB. Die Strecke führt durch das Zürcher Unterland und westlich am Zürcher Flughafen vorbei (kein Halt am Flughafen).
Die alternative Fahrt über die Rheinfallbrücke oben am Rheinfall, Dachsen, Andelfingen, Winterthur ist länger, aber etwas vielfältiger (siehe Reiseinformation, Seite 163). Sie führt durch das reizvolle Zürcher Weinland. In Winterthur ist es möglich, einen Zwischenhalt einzuschalten und eines der bekannten Museen zu besuchen. Eine Verbindung auf dieser Strecke fährt stündlich via Zürich Flughafen.

11 Fahrt über deutsches Gebiet und Kiesabbau

Die Bahnlinie von Schaffhausen via Neuhausen Rheinfall nach Bülach (Zürich) führt auf acht Kilometern über deutsches Gebiet – 1875 wurde zwischen der Schweiz und dem Grossherzogtum Baden ein Staatsvertrag abgeschlossen, der Bau und Betrieb regelt. Schweizer Fahrkarten sind hier gültig. Das anschliessende Rafzerfeld ist Teil eines grossen Schuttfächers der Eiszeit, die abgelagerten Kiesschichten sind mehrere Dutzend Meter mächtig, und Kieswerke bauen seit Jahren den Baustoff in grossem Stil ab.

12 Eglisau – Eisenbahnbrücke

Eine der bedeutendsten Eisenbahnbrücken im Schweizer Bahnnetz. Sie hat eine Gesamtlänge von 457 Meter. 50 Meter über dem Rhein befindet sich eine 90 Meter lange und 9 Meter hohe, genietete, eiserne Ständerfachwerkkonstruktion. Am linken und rechten Ufer sind es neun, respektive 12 elegante Kalksteinbögen. Die Brücke wurde zwischen 1895 und 1897 von der damaligen Schweizerischen Nordostbahn erbaut.

13 Marthalen – die schönsten Riegelhäuser

Auf der Strecke Schaffhausen – Winterthur (Zürich) fallen immer wieder die prachtvollen Riegelhäuser auf. Die Fachwerk-Konstruktion mit den bordeauxrot gestrichenen Balken ist hier typisch: baulich eigentlich eine Ständerbauweise mit starker Unterteilung der Gefache durch schräge, teils geschwungene Streben und kurze, waagrechte Riegel. Gut beobachten lässt sich das im Dorf Marthalen.

14 Thurauen – Flusslandschaft bei Andelfingen

Wo die Thur in den Rhein mündet, liegt das grösste Auengebiet des Schweizer Mittellandes, mit einer Fläche von fast 400 Hektaren. Auf den letzten Kilometern vor der Mündung bekam der Fluss in den letzten Jahren wieder ein natürliches Flussbett, bildet Mäander und überflutet bei Hochwasser teilweise die umliegende Auenlandschaft.

Zürich, Bahnhofstrasse

Limmat vom Lindenhof aus

Grossmünster

Lindenhof

Fraumünster

Stadt Zürich

International, aber doch überschaubar
Grand Train Tour Reisen beginnen oder enden oft hier. Zürich Hauptbahnhof oder kurz Zürich HB ist Drehpunkt vieler Schweizer Bahnreisen. Die 1871 im Neorenaissance-Stil erbaute Bahnhofshalle war bis 1930 der eigentliche Bahnhof – er bot Platz für sechs Gleise.

15 Weltbekannte Bahnhofstrasse und der Rennweg

Die Strassenverbindung vom HB zum Zürichsee entstand nach dem Bau des Hauptbahnhofs, an der Stelle, wo vor 160 Jahren noch der Stadtbefestigungsgraben war. Hier findet man zahlreiche Boutiquen, Warenhäuser und Uhrenläden, aber auch den Paradeplatz. Dieser hiess im 17. Jahrhundert «Säumärt» (Schweinemarkt), da hier der Viehmarkt stattfand.
Der Rennweg führt von der Bahnhofstrasse sanft einen Moränenhügel hinauf zum Lindenhof. Im Mittelalter war der Rennweg die breiteste Strasse Zürichs. Der Rennweg lädt als Fussgängerzone so richtig zum Flanieren ein.

Lindenhof – Ruheoase mitten in der Stadt

Im 4. Jahrhundert stand da ein römisches Kastell, und bis in die frühe Neuzeit war der Platz Versammlungsort der Zürcher. Eine schöne Aussicht geniesst man hier auf die Altstadt mit Grossmünster und Rathaus, auf die Limmat, die Universität und die Eidgenössische Technische Hochschule.

Fraumünster – Fenster von Chagall und Giacometti

Die Glasfenster im Chorraum stammen von Marc Chagall: das rote Prophetenfenster, das blaue Gesetzesfenster, das grüne Christusfenster, das gelbe Zionsfenster und das blaue Jakobsfenster. Das Fenster für die Rosette des südlichen Querschiffs ist ebenfalls von Chagall. Die Nordfenster im Querschiff wurden von Augusto Giacometti gefertigt.

Niederdorf und Grossmünster

Tagsüber geht man im «Dörfli» shoppen, abends verwandelt sich das Niederdorf mit Beizen und Bars zum Vergnügungsviertel für ein bunt gemischtes Publikum. Der Legende nach entdeckte Karl der Grosse an der Stelle des Grossmünsters die Gräber der Stadtheiligen und liess eine erste Kirche errichten. Im 16. Jahrhundert wurde das Grossmünster zum Ausgangspunkt der Reformation unter Huldrych Zwingli, dessen Denkmal bei der Wasserkirche steht.

Zürich Tourismus – im Hauptbahnhof – 8001 Zürich
+41 (0)44 215 4000 – www.zuerich.com

Schweizerisches Landesmuseum

Zoo Zürich

Limmat Schifffahrt

Üetlibergbahn

Baden

Technorama, Winterthur

Schweizerisches Landesmuseum

Direkt neben dem Zürcher Hauptbahnhof steht das 100 jährige Märchenschloss. Das Schweizer Nationalmuseen beherbergt die grösste kulturgeschichtliche Sammlung des Landes. Vielfältige Ausstellungsgegenstände geben Einblick ins Leben der Schweizer von der Urgeschichte bis zur Gegenwart.

Zoo – Elefanten, Nashörner, Pinguine

...und 20 Affenarten sind nur einige der Tierarten – in naturnah gestalteten Lebensräumen haben 4'000 Tiere hier ihr Zuhause. Die Masoala-Halle zeigt den Regenwald in Madagaskar. Der Zürcher Zoo liegt idyllisch gelegen, im Grünen über den Dächern der Stadt – ist aber vom Stadtzentrum aus gut und schnell mit dem Tram zu erreichen.

Boote auf der Limmat und Schiffe auf dem Zürichsee

Grachten in Amsterdam... Zürich hat die Limmat. Die Flussboote verkehren bis ins Seebecken. Fahrplanmässig fahren auf dem Zürichsee Kursschiffe bis Rapperswil, an Sommerwochenenden bis Schmerikon. Zwei Dampfschiffe, die «Stadt Rapperswil» und die «Stadt Zürich» sind im Sommer unterwegs.

Ausflug auf den Üetliberg

16

Den besten Blick über die Stadt, das Seebecken, zu den Glarner Alpen, in die Zentralschweiz und Teile des Mittellandes gibt es vom frei zugänglichen Aussichtsturm auf Uto Kulm. Den Berg erreicht man in 20 Minuten mit der Üetlibergbahn vom Untergrund des Hauptbahnhof Zürich aus.

Baden – Bäderkultur am Ufer der Limmat

17

Vor 2'000 Jahren badeten hier die Römer, vor 100 Jahren ging man im mineralreichsten Wasser der Schweiz «zur Kur». Heute ist die vom Architekten Mario Botta entworfene Wellness-Oase «Fortyseven» (47 Grad warmes Wasser) mit acht Innen- und Aussenbecken für die Öffentlichkeit zugänglich.

Winterthur – Kunst, Fotografie, Technik

18

Rund 20 Museen und Ausstellungen zählt diese Stadt. Gemälde von Ferdinand Hodler, Meisterwerke von Renoir, Cézanne, Monet, zudem exquisite Malereien der alten Meister Rubens, Goya und Bruegel gibt es in Winterthur zu sehen. Im Technorama werden an 500 Experimentierstationen physikalische Vorgänge wie Elektrizität, Magnetismus, die eigene Wahrnehmung oder Mathematik begreifbar gemacht.

Walensee

Chur – Zürich

Diese alternative Etappe verbindet die vielleicht älteste Stadt der Schweiz mit der Agglomeration Zürich. Die Bündner Herrschaft mit lokalem Weinbau, das Heidiland um Maienfeld und die imposanten sieben Zacken der Churfirsten über dem Walensee sind die Höhepunkte auf der Fahrt.

Chur – Zürich

Bündner Herrschaft, Walensee und Zürichsee

Durch das breite Churer Rheintal erreicht man bald Landquart. Von hier fährt die Rhätische Bahn (RhB) durch das Prättigau nach Klosters/Davos und weiter durch den Vereinatunnel direkt ins Unterengadin. In Sargans dann trennen sich die Linien via Walensee nach Zürich oder weiter dem Rhein folgend zum Bodensee, nach St. Gallen oder Richtung Vorarlberg. Bereits nach Sargans befinden wir uns im Einzugsgebiet der Limmat. Dem stark besiedelten linken Zürichseeufer folgend, erreichen die Züge den Züricher Hauptbahnhof.

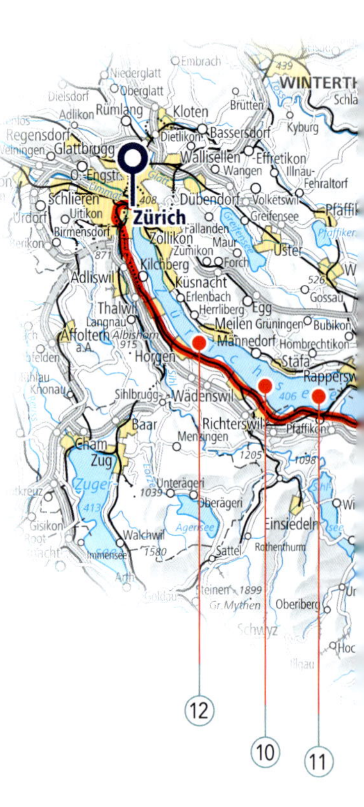

1 Chur
2 Brambrüesch
3 Landquart, Prättigau
4 Bündner Herrschaft
5 Bad Ragaz
6 Sargans
7 Walensee
8 Glarnerland
9 Linthebene
10 Zürichsee
11 Ufenau und Lützelau
12 Horgen

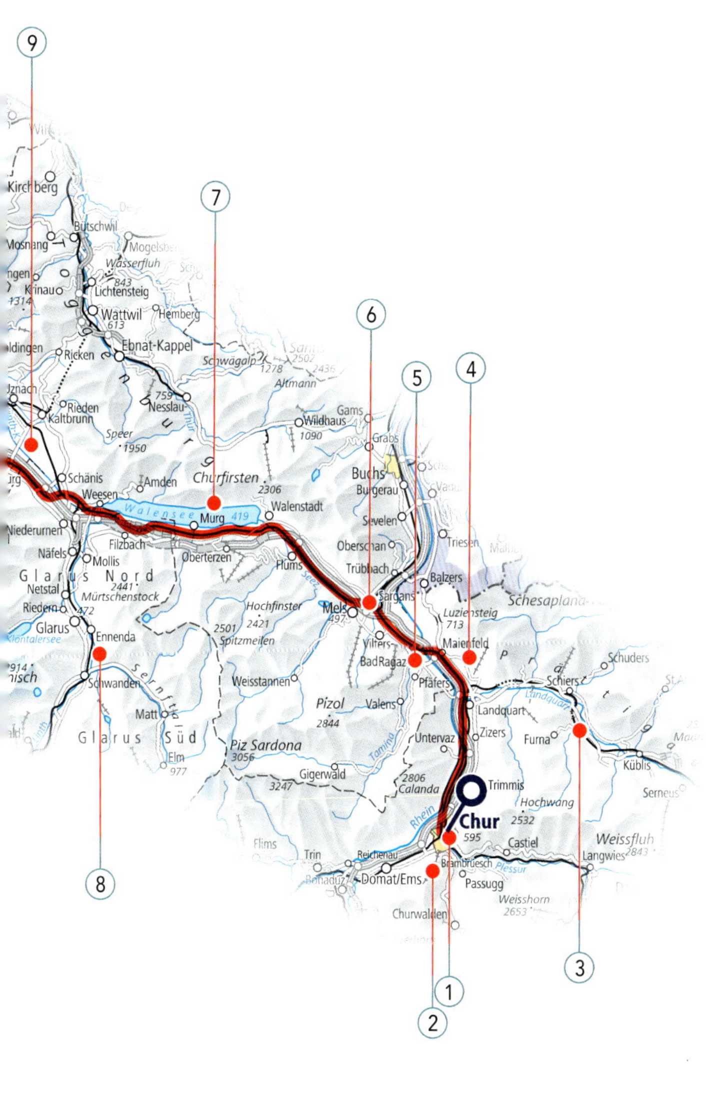

1
2
3
4
5
6
7
8
9
Chur
Walensee
Murg
Sargans
Bad Ragaz
Maienfeld
Landquart
Glarus
Churfirsten

Walensee, Churfirsten

Reiseinformationen und Tipps

Die Strecke von Chur nach Zürich (oder in umgekehrter Richtung) kann helfen, bei Bedarf eine Reise anders zu gestalten oder zu verkürzen. So ist es möglich, hier den Glacier Express von Zermatt kommend zu verlassen und am gleichen Bahnhof umzusteigen. Auch bieten sich in Chur schlanke Anschlüsse aus dem Engadin (Bernina Express) oder von den unzähligen Postauto-Kursen auf die Bahn ins Unterland. Architektonisch sehenswert ist der Postauto-Terminal in Chur über den Gleisen: ein Bus steht aufgereiht neben dem anderen.

Von Graubünden direkt zurück nach Zürich

Von der Hauptstadt Graubündens und dem Bergkanton verkehren vom Morgen früh bis spät abends mehrere Züge pro Stunde in Richtung Zürich Hauptbahnhof und in umgekehrter Richtung. Es gibt den schnellen IC (Intercity) oder den etwas langsameren IR (Interregio) mit zusätzlichen Halten, die Fahrt dauert eineinviertel Stunde (im IR eine Viertelstunde länger).

Ausstattung der Züge

Die IC-Schnellzüge nach Zürich HB verfügen über Plätze 1. und 2. Klasse, sowie über ein Restaurant. Die neuen, etwas langsameren IR-Züge «Aare Linth» haben ebenfalls 1. und 2. Klasse sowie ein vielfältiges Angebot am Bistro-Automaten.

Fahrscheine / Reservation

Auf dieser Strecke sind alle normalen Bahntickets gültig. Die Sitzplatzreservierung ist auf den IC- und IR-Zügen möglich, nicht aber obligatorisch und vor allem bei Weiterfahrten üblich.

Individuelle Gestaltung der Reise / Alternative Routen

Auf den folgenden Seiten wird die direkte Verbindung nach Zürich beschrieben. Dennoch lohnt sich auf dieser Strecke ein Blick auf die Landkarte: Von Sargans geht es nach rechts zum Bodensee, in Ziegelbrücke zweigt die Bahn ab in den Kanton Glarus und eine weitere Linie nach Uznach/Rapperswil, und in Pfäffikon im Kanton Schwyz queren wir den Voralpen-Express von Luzern nach St. Gallen.

Gut zu wissen

Chur ist der Beginn der Normalspur Richtung Schweizer Mittelland. Im ganzen übrigen Kanton Graubünden verkehrt die Rhätische Bahn auf Meterspur. Für die Verbindung von Chur nach Zürich HB werden im online Fahrplan unterschiedliche Züge mit unterschiedlicher Fahrstrecke und unterschiedlich vielen Zwischenhalten aufgelistet – unbedingt Fahrplan genau konsultieren.

Busbahnhof Chur, über den Eisenbahngleisen

Postplatz Chur

Churer Rheintal

Dreibündenstein (Brambrüesch)

Die Alpenstadt Chur

Sie bezeichnet sich als die älteste Stadt der Schweiz. Neuenburg, Sion oder etwa Basel könnten älter sein – die Alpenstadt ist sicher eine der ältesten Stadtsiedlungen, vielleicht tatsächlich älter als Jericho. Eigenwillig, voller Kuriositäten und Geschichten vereint die Hauptstadt Graubündens historische Zeugen und modernes Leben mit tollen Bars und Ladengeschäften.
Chur ist Umsteigebahnhof zwischen Rhätischer Bahn (RhB), Postauto (Busterminal über den Bahngleisen) und SBB. Endbahnhof der Züge von Zürich und St. Gallen, gibt es ab hier nur noch Meterspur in ganz Graubünden. Der «Glacier Express» wendet im Churer Bahnhof auf seinem Weg von Zermatt nach St. Moritz (Seite 91).

Eine der intaktesten Altstädte der Schweiz

1 Um einen Überblick über die verkehrsfreie Altstadt von Chur zu erhalten, steigt man am besten hinauf zum Bischöflichen Hof, durchquert diesen und gelangt so zur Arosastrasse. Von dort überschaut man das Dächergewirr der schmalen Reihenhäuser, die vom merkwürdig schiefen First des Rathauses mit seinem Dachreiter überragt werden. Oft bildet die Altstadt Kulisse für bunte Märkte, jeden Samstagvormittag im Sommer der Wochenmarkt, Gänggeli- und Flohmarkt, Setzlingsmarkt oder der Andreasmarkt.

Rätisches Museum – das Gedächtnis Graubündens

Das Bündner Historische Museum in einem barocken Patrizierhaus von 1675 ist mit seinem Kellergewölbe, den ausladenden Treppen, der spektakulären Wagendurchfahrt und zwei herrschaftlichen Stockwerken sowie dem Dachgeschoss bereits ein architektonischer Höhepunkt. Die Ausstellung umfasst archäologische, kulturgeschichtliche und volkskundliche Objekte aus dem ganzen Kanton Graubünden, von der Ur- und Frühgeschichte über das Mittelalter, die Renaissance und den Barock bis ins 19. und frühe 20. Jahrhundert. Das Museum befindet sich auf dem Weg zum Bischöflichen Hof.

Bergbahnen Brambrüesch ab Stadtzentrum

2 Mit seinem Hausberg verfügt Chur als einzige Kantonshauptstadt über ein eigenes Sommer- und Wintersportgebiet. Brambrüesch auf 1'591 m Höhe und 1'000 m über der Stadt bietet Aussicht über die Stadt, ins Rheintal und zu den Felsen des Calanda, und ist Startpunkt für Wanderungen zum Dreibündenstein – sportliche Mountainbiker machen sich auf die Freeride-Strecken am Pizoggel.

Chur Tourismus – Infozentrum in der Bahnhofsunterführung – 7000 Chur
+41 (0)81 252 18 18 – www.churtourismus.ch

Prättigau

Sunnibergbrücke

Heididorf, Maienfeld

Bündner Herrschaft

Tamina-Schlucht

Von Chur ins Heidiland

Links ragen die Felswände des Calanda empor, rechts folgen nach Landquart die Ausläufer des Rätikons. Im Churer Rheintal folgen Bahn und Autobahn bis Maienfeld dem Rhein auf der rechten Seite, immer im Kanton Graubünden. Nach der Ebene von Maienfeld wechseln wir auf die linke Rheinseite und damit in den Kanton St. Gallen.

3 Nach Klosters/Davos und ins Unterengadin

Bei Landquart zweigt in östlicher Richtung das Prättigau ab. Seit 1889/90 fährt hier die Bahn direkt nach Klosters und Davos. 1999 kam mit dem Vereinatunnel der Rhätischen Bahn eine direkte Verbindung ins Unterengadin und damit auch eine leicht schnellere Verbindung nach St. Moritz dazu. Die Nationalstrasse durch das Prättigau ist heute eine Schnellstrasse mit vielen Tunnels, sie führt über die eindrückliche Sunnibergbrücke direkt zur Verladestation durch den Vereinatunnel.

4 Bündner Herrschaft

Die nördlichste Ecke des grossen Kantons Graubünden liegt zwischen Landquart und Liechtenstein. Als «Herrschäftler» bezeichnet man nicht etwa die Bewohner der Gegend, sondern den lokalen Blauburgunder-Wein. Hier ist (neben den Rebbergen im italienischen Veltlin...) das wichtigste Weinbaugebiet Graubündens mit den Gemeinden Fläsch, Maienfeld, Jenins und Malans. Weinberge und Weinkeller (hier Torkel genannt) können an einigen Orten besichtigt werden.

Maienfeld – Heididorf in der Bündner Herrschaft

Vom Bahnhof startet der Heidiweg durch die engen Gassen des historischen Städtchens Maienfeld, durch die Weinberge zum nahegelegenen Weiler Rofels, zum Heididörfli. Die verträumte Kulisse um den Heidibrunnen sorgt für lebendige Erinnerungen. Geissenstall, Dorfladen, Museum – alles ist der Heidi-Geschichte von Johanna Spyri nachempfunden.

5 Bad Ragaz – Badekurort mit langer Tradition

Schon Mitte des 13. Jahrhunderts pilgerten Gäste in die Gegend, um im Thermalwasser zu gesunden. Der Arzt und Philosoph Paracelsus, der ab 1535 erster Badearzt im Bad Pfäfers war, belegte die Heilkraft des Thermalwassers. Ein Besucherweg führt hinten in der Taminaschlucht ins Felseninnere, am Thermalwasserbrunnen vorbei bis zur Quellwasser-Grotte – schon unsere Vorfahren liessen hier Leute in Körben an Seilen in die tiefe Schlucht hinunter, zum erquicklichen Bade im 36.5 Grad warmen Nass. Heute besuchen wir die topmoderne Tamina Therme.

Sargans

Eisenbergwerk

Walensee

Walensee

Glarner Hauptüberschiebung

Martinsloch, Elm

Sargans – Linthebene

Bereits der eiszeitliche Rheingletscher verzweigte sich und floss in zwei Armen Richtung Norden zum Bodensee und westwärts via Seeztal gegen Zürich. Seit jeher ist denn auch Sargans durch den Verkehr bestimmt. Eisenbahn und Autobahn machen heute grosse Schlaufen, um die Verkehrsachsen miteinander zu verbinden. Wir erreichen anschliessend via Walensee die Linthebene.

6 Sargans – Schloss und Eisenbergwerk

Von weit her ist es zu sehen, das Wahrzeichen von Sargans, das markante Schloss mit dem Sarganserland Museum und Restaurant. Vor 2'000 Jahren wurde das eisenhaltige Gestein am und im Gonzen entdeckt und bis 1966 abgebaut. Ein kleiner Teil des einstigen Bergwerks ist öffentlich zugänglich.

7 Walensee und die sieben Churfirsten

Der Name des Sees hat nichts mit den Meeressäugern zu tun, er bildete im Frühmittelalter die Grenze zwischen Alemannen und Rätoromanen, der «See der Welschen». Rechts, 1'700 Meter über den Wasserspiegel erheben sich die sieben Spitzen der Churfirsten. Am Fusse der Kalkwände erkennt man das Dörfchen Quinten: Von kalten Nordwinden gut geschützt, gedeihen hier auserlesene Traubensorten, Kiwis, Feigen und andere Südfrüchte. Die Ortschaft ist nur mit dem Schiff oder zu Fuss zu erreichen.

Walensee – «Qualensee» des Gesangs-Trio Eugster

Die steilen Ufer machten den Walensee seit der Antike verkehrstechnisch zu einer grossen Herausforderung. Daher sind Bahn und Strasse heute grösstenteils in die Felswände gehauen, führen durch Galerien und Tunnels und bieten überraschende Ausblicke. Seit 1859 gibt es eine Bahnlinie entlang des Sees. Die Strasse führte damals obendurch, über den Kerenzerberg, nutzte dann ab 1964 zweispurig einen einstigen Bahntunnel. Dennoch erhielt das Nadelöhr wegen vielen Staus den Übernamen «Qualensee». Nach und nach wurden Bahn und Strasse weiter ausgebaut, seit 1987 ist die Autobahn vierspurig.

8 Kanton Glarus und die Tektonikarena Sardona

Am westlichen Ende des Walensees geht es gegen links ins Glarnerland. Im eigenständigen Kanton Glarus mit nur noch drei (fusionierten) Gemeinden lässt sich die Entstehungsgeschichte der Alpen eindrücklich zeigen. Die bekannte «Glarner Hauptüberschiebung» ist der wissenschaftliche Beweis, dass sich beim Zusammenstoss der Kontinente Afrika und Europa mit gewaltigen Kräften der Natur ältere Gesteinsschichten über jüngeres Gestein geschoben haben.

Am Linthkanal

Linthebene

Am Etzel, Zürichsee

Insel Ufenau

Autofähre Horgen–Meilen

Linthebene – Zürich

Nach den Tunnels und dem Ende des Walensees erreicht man Ziegelbrücke. Von diesem Eisenbahnknotenpunkt fahren die direkten Züge nach Zürich weiter via linkes Zürichseeufer. Gegen Süden geht es nach Glarus/Linthal, und via Uznach erreicht man ohne Umsteigen St. Gallen, mit Umsteigen in Uznach oder Rapperswil das rechte Ufer des Zürichsees.

9 Die Linthebene zwischen Walensee und Zürichsee

Die beiden Seen waren vor 15'000 Jahren, nach dem Rückzug der Gletscher miteinander verbunden. Das Gebiet verlandete über die Jahrtausende und die seitlich einmündende Linth aus dem Glarnerland mäandrierte kreuz und quer durch die Ebene. Anfang des 19. Jahrhunderts leitete man den Glarner Fluss in den Walensee, um das Geschiebe aus den Bergen dort abzulagern, und erstellte gleichzeitig den Linthkanal als direkte Verbindung zum Zürichsee.

10 Fahrt auf der linken Seite des Zürichsees

In Lachen erreichen wir den oberen Teil des Sees, den Obersee. Wir befinden uns hier im Kanton Schwyz, auf der gegenüberliegenden Seite reicht der Kanton St. Gallen bis nach Rapperswil. Erst in Richterswil kommen wir in den Kanton Zürich. Der typische Alpenrandsee zeigt an beiden Talhängen Hangterrassen, die von Seitenmoränen gebildet wurden. Auch die Aufstauung bei Zürich ist Endmoränen der letzten Eiszeit zu verdanken.

11 Die Inseln Ufenau und Lützelau

Ufenau ist ein Naturschutzgebiet, aber auch Ort der Stille und der Begegnung im Zürichsee, seit dem Jahr 965 im Besitz des Klosters Einsiedeln. Es gibt einen Landwirtschaftsbetrieb, Rebbau und ein Gasthaus. Baden und Schwimmen ist nicht erlaubt, die Insel Ufenau hat jedoch eine Anlegestelle der Kursschiffe.
Die kleinere Nachbarinsel Lützelau ist ebenfalls Naturschutzgebiet, hier kann im Sommer sogar campiert werden. Der Lütz-Shuttle (Schiff) bringt die Gäste von Rapperswil zur Insel.

12 Autofähre Horgen–Meilen

Die «Schwimmende Brücke» über den Zürichsee ist eine beliebte Abkürzung von einem Ufer zum anderen. Man verbringt mit dem Auto zehn Minuten auf dem Wasser und geniesst das Alpenpanorama – statt den halben See zu umfahren und im Stau von Zürich oder Rapperswil sich zu ärgern. Die Fähre ist seit 1933 in Betrieb.

Lötschberg Südrampe

Thunersee – Domodossola – Locarno – Lugano

Vielfältig die Alpen durchqueren: Vom Berner Oberland ins Tessin, via Italien – im Grunde genommen die geradlinigste Verbindung. Lötschberg Bergstrecke, Simplon, Domodossola und Centovalli heissen die erlebnisreichen Teilstücke.

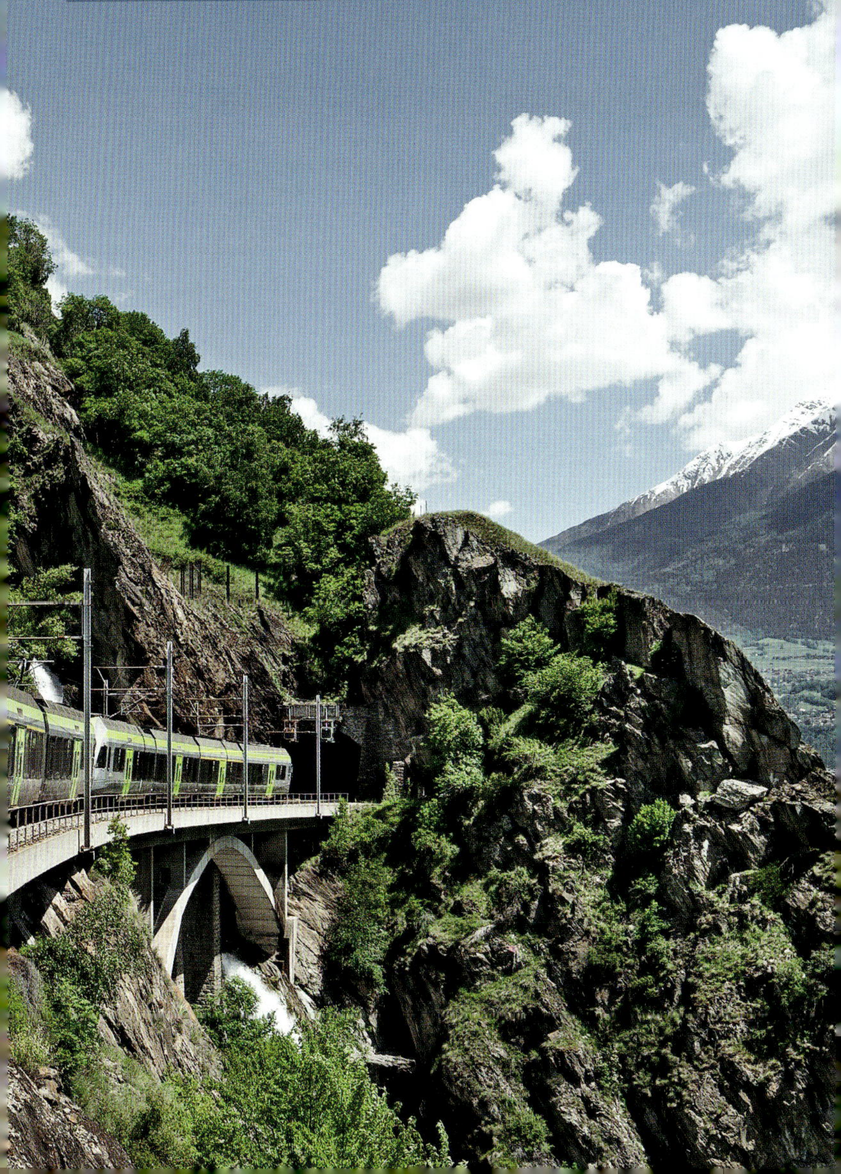

Thunersee – Domodossola – Locarno – Lugano

Vom Berner Oberland via Wallis ins Tessin

Alle zwei Stunden fährt der BLS RegioExpress «Lötschberger» von Spiez am Thunersee (ab Bern) gemütlich über die Lötschberg-Bergstrecke nach Brig, und ohne Umsteigen weiter durch den Simplontunnel nach Domodossola in Italien. Alternativ fährt das Postauto von Brig über den

1. Niesen
2. Lötschberg Basistunnel
3. Frutigen
4. Kandersteg
5. Oeschinensee
6. Gemmipass
7. Lötschbergtunnel
8. Lötschberg Südrampe
9. Simplontunnel
10. Simplonpass
11. Domodossola
12. Macugnaga
13. Valle Vigezzo
14. Rasa
15. Intragna, Centovalli
16. Locarno
17. Cardada/Cimetta
18. Ascona
19. Valle Maggia
20. Val Verzasca
21. Bolle di Magadino
22. Ceneri Basistunnel

Simplonpass bis nach Domodossola. Mit der Vigezzina-Centovalli-Bahn gehts weiter durch das Valle Vigezzo und das Centovalli zurück in die Schweiz, nach Locarno. Die neue Verbindung durch den Ceneri-Tunnel bringt schliesslich Lugano in greifbare Nähe.

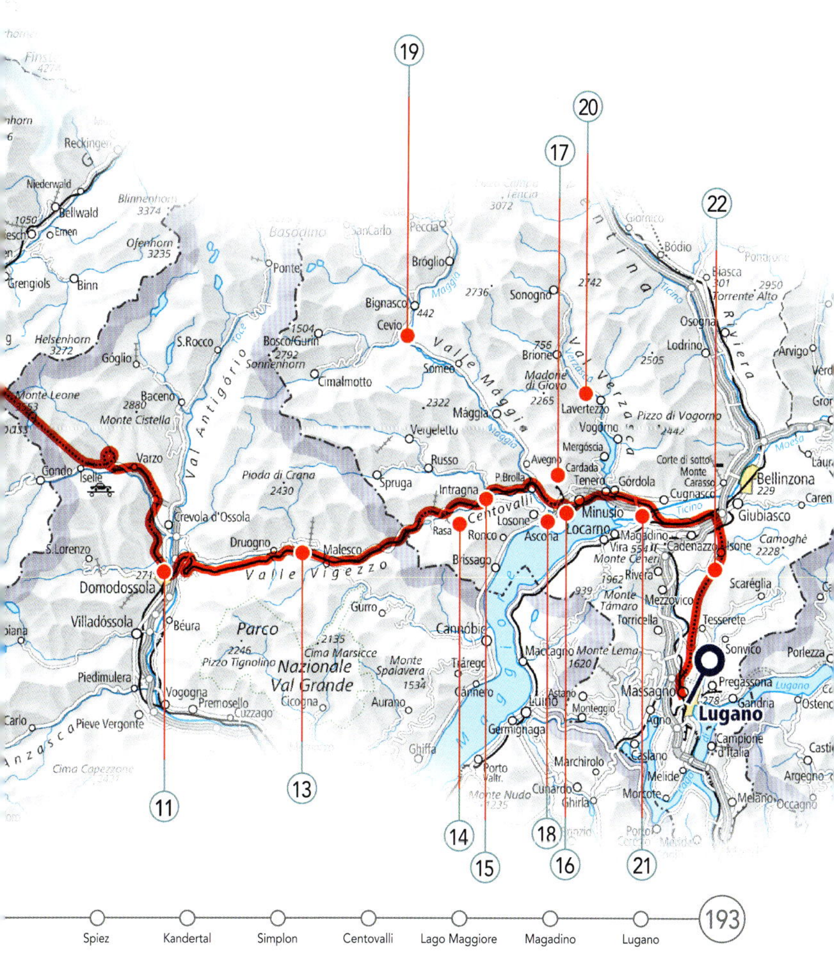

Luogelkinviadukt bei Hohtenn

Reiseinformationen und Tipps

Es ist keine internationale Schnellbahn-Strecke mehr, aber eine Alternativetappe, die sich lohnt, unter Kennern und Bergstrecken-Liebhabern sehr wohl bekannt. Der RegioExpress «Lötschberger» und die Vigezzina-Centovalli-Bahn führen Reisende zu sagenhaften Aussichten. Während auf der «alten» Lötschberg-Bergstrecke (vor der Eröffnung des Lötschberg-Basistunnels die Hauptverbindung von Bern ins Wallis) der Kanderviadukt und nach dem Tunnel der Blick von der imposanten Südrampe ins Rhonetal verblüffen, sorgen im Centovalli, den «100 Tälern», tiefe Schluchten und wildes Gebirge für unerwartete Momente.

Die Fahrt ist das Ziel – aussergewöhnliche Fahrt ins Tessin

Der RegioExpress fährt täglich jede Stunde von Bern via Thun und Spiez, Frutigen, Kandersteg und Goppenstein nach Brig. Alle zwei Stunden fährt er weiter, durch den 1906 eröffneten Simplontunnel. Die Fahrt von Bern nach Brig dauert eindreiviertel Stunden, ab Spiez ist es eine Stunde und zehn Minuten. Durch den Simplontunnel nach Domodossola in Italien (ohne Umsteigen alle zwei Stunden) benötigt der Zug gut eine halbe Stunde (für die Fahrzeiten über den Simplonpass mit dem Postauto siehe gegenüberliegende Seite).

Der Panoramazug «Vigezzo Vision» und der «Centovalli-Express» von Domodossola durch das Vigezzotal und das Centovalli nach Locarno sind rund zwei Stunden unterwegs, ohne Umsteigen. Der Zug fährt tagsüber fast stündlich, dies auch im Winter mit leicht verändertem Fahrplan.

Die Abfahrtsorte aller Züge dieser Etappe befinden sich in den Hauptbahnhöfen. Die Vigezzina-Centovalli-Bahn hat sowohl in Domodossola wie auch in Locarno unterirdische Gleise im Bahnhof.

Ausstattung der Züge

Der BLS RegioExpress Lötschberger hat Niederflureinstiege und Panoramafenster in 1. und 2. Klasse, perfekt für die Fahrt über die Berge. In der selbstbedienten Bistrozone stehen Snacks und Getränke zur Verfügung.

Die Vigezzina-Centovalli-Bahn hat immer Plätze in 1. und 2. Klasse. Es gibt einen kostenlosen Audioguide zu Details und Kuriositäten entlang der Strecke via Smartphone oder Tablet und Kopfhörer. Hier gilt es, eine kleine Verpflegung selber mitzunehmen.

Fahrscheine / Reservation

Auf allen Strecken dieser Etappe sind die normalen (Schweizer) Bahntickets gültig, also auch auf den Abschnitten nach Domodossola in Italien und weiter mit der Vigezzina-Centovalli-Bahn nach Locarno. In den BLS Reisezentren können Sitzplatzreservierungen (nicht obligatorisch) im Voraus gekauft werden. Auf dem Panoramazug «Vigezzo Vision» wird auf der italienischen Strecke Domodossola-Camedo ein kleiner Zuschlag für den Sitzplatz erhoben, direkt im Zug zu bezahlen.

Individuelle Gestaltung der Reise

Kandersteg oder Goppenstein sind ideale Haltepunkte, um sich vor Ort auch mal etwas umzusehen, sei es mit einem Ausflug an den Oeschinensee oder mit dem Postauto von Goppenstein ins Lötschental.
In Brig kann zum Glacier Express umgestiegen werden, und es gibt die Alternative einer Fahrt mit Postauto über den historisch interessanten Simplonpass nach Domodossola (anstatt Simplontunnel). Die Fahrt verlängert sich dadurch, unbedingt Fahrplan beachten. Die Schweizer Fahrausweise sind auch hier gültig.

Gut zu wissen

Für den Grenzübertritt nach Italien sind gültige Reisedokumente notwendig. Auch ist es vorteilhaft, für den Aufenthalt in Domodossola und auf der Vigezzina-Centovalli-Bahn ein paar Euros bei sich zu haben.

www.bls.ch/de/loetschberger-rundreise
www.vigezzinacentovalli.com

Standseilbahnen zum Niesen

Frutigen, Nordportal Basistunnel und «Lötschberger» auf der Bergstrecke

Bahnwanderweg

Kandersteg

... Lötschberg Nordrampe

Der «Lötschberger» Spiez – Kandersteg – Brig

Wir fahren vom Thunersee auf der über 100 Jahre alten Lötschberg-Bergtrecke ins Oberwallis. Sowohl die sogenannte «Nordrampe» von Frutigen hinauf nach Kandersteg als auch die bekannte «Südrampe» dem Hang des Rhonetals entlang sind bahntechnisch interessant, aussergewöhnlich und landschaftlich sehr eindrücklich.

1 Niesen – die perfekte Pyramidenform

Künstler wie Ferdinand Hodler, Paul Klee oder Cuno Amiet fühlten sich denn auch hingezogen zu diesem Dreieck. Den 2'362 Meter hohen Gipfel erreicht man mühelos mit den Standseilbahnen ab Mülenen... etwas anstrengender haben es die Wettkämpfer am traditionellen Niesenlauf auf der längsten Treppe der Welt (11'674 Stufen) – das Begehen der Treppe entlang dem Bahngeleise ist sonst nicht erlaubt.

2 Lötschberg Basistunnel – eine Erfolgsgeschichte

Der 2007 eröffnete Tunnel von Frutigen nach Visp ist Teil der Neuen Eisenbahn-Alpentransversale (NEAT), die von Basel über Bern–Spiez–Brig–Simplon nach Domodossola führt, mit Fortsetzung nach Mailand und Novara–Genua. Sei es als Feriengast auf dem Weg von der Deutschschweiz in die Walliser Berge oder als Pendler vom Wallis in Richtung Bern: der 34.6 km lange Tunnel verkürzt die Reise wesentlich. So nahm die Anzahl Reisende seit der Eröffnung des Tunnels auf der Strecke um 75 % zu.

3 Nordrampe von Frutigen bis Kandersteg

Von Frutigen nach Kandersteg muss der «Lötschberger» 400 Höhenmeter den Berg hinauf, um dann von Goppenstein nach Brig hinunter wieder 540 Meter an Höhe zu verlieren. Um als Normalspur-Adhäsionsbahn (ohne Zahnrad) unüberwindbare Steigungen zu vermeiden, musste die Schienenstrecke verlängert werden, im Kandertal mit einer Kehrschlaufe und einem Kehrtunnel bei Mitholz und im Wallis mit der Südrampe. Entlang der nordseitigen Bergstrecke gibt es einen informativ gestalteten Bahnwanderweg.

4 Kandersteg – von der Belle Epoque bis heute

Die historischen Alpenübergänge Lötschenpass und Gemmi brachten früh schon eine Bedeutung für den Ausgangsort Kandersteg. Und mit der Eröffnung des Lötschbergtunnels 1913 verbrachten zunehmend Gäste hier auch ihre Ferien.

Tourist Center Kandersteg – Äussere Dorfstrasse 26 – 3718 Kandersteg
+41 (0)33 675 80 80 – www.kandersteg.ch

Seilbahnmuseum

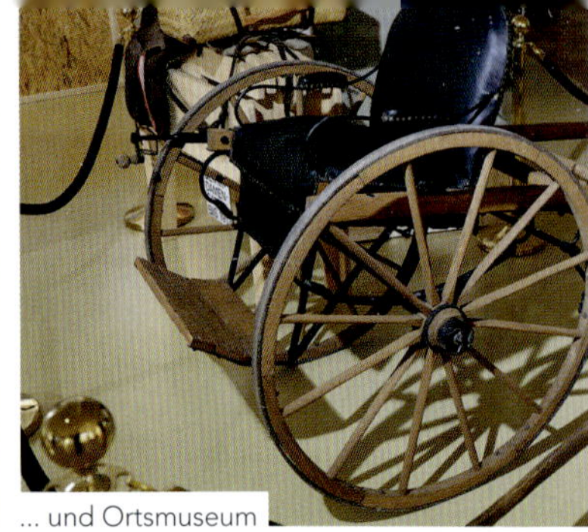
... und Ortsmuseum

Oeschinensee

Daubensee, Gemmi

Gemmiweg nach Leukerbad

Autoverlad Lötschberg

Lötschberg Südrampe

Seilbahn Museum Schweiz und Ortsmuseum

Säumerpfad über den Lötschenpass, Gemmiwägeli, historischer Bau des Bahntunnels und schliesslich die tiefer liegende Alpentransversale prägten das Bergdorf Kandersteg – vielfältig dokumentiert im neuen Ortsmuseum. Im Seilbahn Museum gibt es Zeitzeugen aus der ganzen Schweiz, sie geben einen äusserst spannenden Einblick in die dynamische Entwicklung der ersten Seilbahnen, Gondeln, Sessel- und Skilifte.

5 Oeschinensee – am Rande des Unesco Welterbes

Wandern, Bergsteigen, Baden, Ruderboote, Geniessen – und zwei Berggasthäuser gehören zum Angebot am idyllischen Bergsee. Das kleine Paradies erreicht man mit der Oeschinensee-Gondelbahn, dann ist es eine halbe Stunde gemütlicher Spaziergang zu Fuss bis zum See.

6 Gemmi – einst ein Pass für Güter und Personen

Der historische Alpenübergang verbindet Kandersteg mit Leukerbad. Wo früher zahlungskräftige Reisende sich in Sänften über die Kantonsgrenze ins Wallis befördern liessen, gibt es heute auf beiden Seiten Luftseilbahnen. Dazwischen liegt eine sanfte, gut zweistündige Wanderung im alpinen Hochtal.

7 Der Lötschbergtunnel von Kandersteg ins Lötschental

Der 1913 eröffnete, 14.6 km lange Tunnel wurde zu Beginn des letzten Jahrhunderts vom Kanton Bern als Reaktion auf den Gotthardtunnel gefordert, um eine eigene Transitachse zu besitzen. Finanzielle Unterstützung gab es seitens der Eidgenossenschaft keine, Frankreich jedoch sah ebenfalls Vorteile in einer solchen Alpenquerung. Eine Besonderheit der Linienführung: Bei der Unterquerung des Gasterntals brach während des Baus plötzlich Wasser und Geröll in den Tunnel ein, worauf Kurven zur Umfahrung dieser Stelle ausgebrochen werden mussten.

Heute erfreut sich der Autoverlad von Kandersteg nach Goppenstein grosser Beliebtheit als «Rollende Strasse» von Bern ins Wallis.

8 Lötschberg Südrampe hinunter nach Brig

Diese eindrückliche Eisenbahnlinie wurde 1913 eröffnet, sieben Jahre nach dem Simplontunnel. Heute verkehrt auf der Strecke von (Bern) Spiez nach Brig stündlich der RegioExpress «Lötschberger» der BLS. Die eiligeren Reisenden benutzen die (neue) Linie via Basistunnel vom Berner Oberland direkt nach Visp/Brig. Ein Wanderweg begleitet den Zug auf der Lötschberg Südrampe von der Station Hohtenn bis nach Brig. Die spektakulären Eisenbahnbrücken und Kunstbauten machen die gut achtstündige Tour zum architektonischen Highlight nicht nur für Bahnliebhaber.

Informationen über Brig: Etappe «Zermatt – St. Moritz», Seite 81

Brig, Simplontunnel

Simplonpass, Altes Hospiz

Gantertal

Domodossola

Ganterbrücke

Piazza del Mercato

Simplon – vom Oberwallis nach Italien

Im Schnellzug dauert die Fahrt von Brig nach Domodossola keine halbe Stunde, durch den Simplon-Eisenbahntunnel. Im RegioExpress ist es unwesentlich länger. Eine attraktive Alternative bietet das Postauto ab Brig in eindreiviertel Stunden über den Simplonpass bis nach Domodossola.

9 Der Simplon-Eisenbahntunnel von 1906

Bei seiner Eröffnung war er mit fast zwanzig Kilometern Länge der längste Eisenbahndurchstich der Welt. Fünf Kilometer länger als der erste Gotthardtunnel. Zunächst einspurig gebaut, folgte bereits 1921 eine zweite Röhre. Der luxuriöse «Orientexpress» fuhr durch diesen Tunnel.

10 Simplonpass – vom Saumpfad zur Nationalstrasse

Der Handelsmann und Inhaber des Salzmonopols Kaspar Stockalper baute im 17. Jahrhundert den Saumpfad für seine Maultier-Transporte aus. Auf der Passhöhe errichtete er den Spittel, in Gondo ein Lagerhaus, den unten erwähnten Stockalperturm. Überregionale Bedeutung erlangte der Pass, als Napoleon Bonaparte Anfang 19. Jahrhunderts für seine Artillerie eine befestigte Strasse bauen liess. Seit dieser Zeit war der Simplon mit Postkutschen befahrbar. Die Passstrasse ist heute eine Nationalstrasse – die Wanderroute «Via Stockalper» verbindet in drei Tagesetappen die historischen Stätten.

Fahrt mit dem Postauto über den Simplonpass

Viel Geschichte und Abwechslung ist angesagt. Nach der imposanten Ganterbrücke erreicht man bald die Passhöhe mit den historischen Bauten. Simplon Dorf mit den typischen Steinplattendächern erinnert dann bereits an die italienische Nachbarschaft. Dann folgt das Goldgräberdorf Gondo mit dem markanten Stockalperturm und bald darauf die Landesgrenze. In Iselle endet der Bahntunnel, 350 Meter Höhendifferenz sind es dann immer noch hinunter bis Domodossola.

11 Südländisches Ambiente in Domodossola

Die Stadt römischen Ursprungs liegt im Zentrum des Valle d'Ossola, auf der Route von der Poebene zum Simplonpass. Sie war früh schon ein wichtiges Zentrum, zählt heute knapp 20'000 Einwohner. Als italienische Stadt mit einem bekannten Namen, der mit «D» beginnt, wird Domodossola in Italien noch heute oft zum Buchstabieren benutzt, «D come Domodossola». Empfehlenswert ist bei einem längeren Aufenthalt der Besuch des mittelalterlich geprägten Ortskerns mit den historischen Palästen sowie der Wallfahrtsstätte Sacro Monte Calvario, Teil eines Unesco Welterbes.

Walserdorf Macugnaga

Blick zurück ins Tal von Domodossola

Craveggia, Valle Vigezzo

Rasa

Wallfahrtskirche Madonna del Sangue in Re

Intragna

Vigezzina-Centovalli-Bahn

Valle Vigezzo und Centovalli

Die Vigezzina-Centovalli-Bahn verbindet auf direktestem Weg das italienische Domodossola im Tal des Flusses Toce mit Locarno am Lago Maggiore. 52 Kilometer, über 83 Brücken und durch 31 Tunnel, mit über 30 Haltestellen – die Panoramafahrt dauert knapp zwei Stunden. Die Strecke ist vollumfänglich im Swiss Travel Pass (Flex) / GA integriert.

12 Die Walser südlich der Alpen

Im Mittelalter bewegte man sich eher über Alpenpässe und nicht durch die gefährlichen Schluchten an den Talausgängen. So besiedelten die Walser das Gebiet von Z'Macana (heute Macugnaga) vom Saastal aus über den Monte Moro Pass. Der kleine Ort am Südfuss der Monte Rosa pflegt bewusst die Walser-Tradition.

13 Vom Valle Vigezzo hinunter ins Centovalli

Der Bahnhof der Schmalspurbahn befindet sich in Domodossola unter den Gleisen der italienischen Staatsbahn. Nach Querung des Haupttales windet sich der kleine Zug durch zahlreiche Kehren, die engste mit einem Radius von 40 Metern, und einer maximalen Steigung von 6% hinauf ins breite Tal der lieblichen Ferienregion von Santa Maria Maggiore. Nach Überqueren der Wasserscheide folgt an der engsten Stelle die Grenze zurück in die Schweiz und die Schlucht des Stausees von Palagnedra.

14 Rasa und Monte Comino

Von der unscheinbaren Haltestelle Verdasio, fährt die Zubringer-Seilbahn über das Tal der Melezza nach Rasa. Das autofreie, schmucke Dörfchen im Centovalli ist Ausgangspunkt für die anspruchsvolle Tageswanderung via Monti di Ronco zum Lago Maggiore. Auf der anderen Talseite fährt ebenfalls eine Kleinseilbahn zum Monte di Comino mit Berggasthaus und der Wallfahrtskirche Madonna della Segna.

15 Intragna, das Tor zum Centovalli

Berühmt ist das kleine Tessiner Dorf vor allem wegen des freistehenden Glockenturms – dem höchsten im ganzen Kanton. 65 Meter hoch ist er, 165 Treppenstufen sind zu erklimmen. Ein weiteres Wahrzeichen ist dann die Eisenbahnbrücke aus Stahl, über die wir fahren. Weniger ruhmvoll beurteilen wir heute die Tatsache, dass viele Familien noch vor 100 Jahren gezwungen waren, Kinder als Kaminfeger in die engen Kamine ins Ausland, zum Beispiel nach Mailand, zu schicken.

Locarno, Piazza Grande

Cardada sopra Locarno

Foroglio, Val Bavona

Ascona

Kapelle in Mogno

Lago Maggiore – 193 Meter über Meer

Der tiefste Punkt der Schweiz. Mit einer Wassertiefe von 372 m reicht der Lago Maggiore, auch bekannt als Verbano oder Langensee, bis 179 m unter den Meeresspiegel. Von Cardada und Cimetta bei Locarno aus sieht man den höchsten (Dufourspitze, 4'634 m) und den tiefsten Punkt der Schweiz.

16 Locarno – die Stadt zum Sein

Das Herz dieser Stadt ist die Piazza Grande, bekannt durch das weltberühmte «Filmfestival» und das Musikfestival «Moon&Stars». Am Rand der Altstadt beherbergt das im 12. Jahrhundert erbaute Castello Visconteo das Museo Civico mit Fundstücken aus der Römerzeit. Sommergäste lieben das «Lido», das Erlebnisbad direkt am See. Ein Aussenbecken ist so platziert, dass es in den See überzugehen scheint.

17 Cardada/Cimetta hoch über Locarno

In Orselina steht an exponierter Lage die Wallfahrtskirche Madonna del Sasso, erreichbar zu Fuss oder mit der Standseilbahn ab Stadtzentrum. Weiter geht es mit der Luftseilbahn zur schwindelerregenden Aussichtsplattform mit Blick über die Tannenwipfel tief hinab zum Lago Maggiore und bis zu den Brissago Inseln. Ganz hinauf zum Gipfel, zur Cimetta auf 1'672 m Höhe, fährt schliesslich die Sesselbahn.

18 Ascona – Bijou am Ufer des Sees

Im historischen Borgo, der Altstadt, mit den verwinkelten Gassen und dem alten Glockenturm begeistern die Spezialitäten-Geschäfte. Die autofreie Seepromenade (Abfahrt der Schiffe zu den Brissago Inseln) und die charmanten Strassencafés lassen Ferienstimmung aufkommen. Ein Tipp: Der Besuch des weltweit renommierten Jazz-Festivals jeweils Ende Juni.

19 Valle Maggia – mindestens ein Tagesausflug wert

Bis zuhinterst ins Maggiatal sind es rund 50 Kilometer, ab Bahnhof Locarno fahren öffentliche Busse, einst eine Schmalspurbahn bis Bignasco. Bereits kurz nach Ponte Brolla trifft man auf die typischen Steinhäuser mit Granitplatten auf den Dächern, Pergolas und Strassenbegrenzungen aus Gneis. Besuchenswert sind das deutschsprachige Walserdorf Bosco Gurin, der Wasserfall von Foroglio und die aussergewöhnliche Botta-Kapelle in Mogno.

Ascona Locarno Turismo Piazza Stazione / Bahnhof SBB – 6600 Locarno
+41 (0)848 091 091 – www.ascona-locarno.com

Ponte dei Salti, Lavertezzo, Val Verzasca

Lavertezzo

«Goldeneye» Bungy Jump

Ceneri-Basistunnel, Nordportal

Bolle di Magadino...

Mündungsgebiet des Ticino

Von Locarno direkt nach Lugano

Zwischen dem Locarnese (Bezirk Locarno) und dem Luganese (Bezirk Lugano) liegt der Hügelzug von Monte Lema, Monte Tamaro und Cima di Medegli. Der Einschnitt zwischen den beiden letzteren ist der Passübergang Monte Ceneri mit der historischen Kopfsteinpflaster-Strasse direkt hinauf von Quartino. Kurz ist heute die direkte Bahnfahrt nach Lugano. Der neue Ceneri-Basistunnel verbindet das obere Ende des Lago Maggiore mit den Vororten nördlich von Lugano. Der Regionalzug wendet sich nach Durchqueren der Magadinoebene vor Giubiasco/Bellinzona in rechtem Winkel gegen Süden und verschwindet im Ceneri-Basistunnel.

Informationen zu Lugano: Seiten 115ff.

20 Val Verzasca – Geheimtipp für aktive Geniesser

Die vom Fluss ausgewaschene Felslandschaft bietet Liegebetten aus Stein, natürliche Whirlpools, herrliche Badeplätze. Auch Biker lieben das Tal. Bei Lavertezzo überquert man die bekannte Bogenbrücke «Ponte dei Salti». Und an der Verzasca-Staumauer Adrenalin pur: Hier am «Goldeneye» Bungy Jump stürzte sich James Bond im Dienste seiner Majestät am Gummiseil 200 Meter in die Tiefe.

21 Bolle di Magadino – wertvolles Auengebiet

Der Mündungsbereich des Ticino und der Verzasca in den Lago Maggiore ist ein unverbautes Flussdelta, ein Feuchtgebiet, das es immer wieder zu schützen gilt. Über 200 Zugvogelarten dient es vor der Alpenüberquerung als Rastplatz. Auch Amphibien, Libellen und Schmetterlinge finden hier Unterschlupf.

22 Neuer Ceneri-Basistunnel verbindet Sopra- und Sottoceneri

Zwischen Locarno und Lugano gibt es seit 2020 stündlich zwei Zugsverbindungen ohne Umsteigen in beide Richtungen. Die Fahrzeit beträgt heute lediglich eine halbe Stunde, gegenüber früher via Ceneri-Bergstrecke und mit Umsteigen rund 50 Minuten, was die beiden Städte echt näher aneinander brachte. Ermöglicht wird dies durch den 15.4 km langen Ceneri-Basistunnel, der Verbindung Tessin-Nordschweiz, aber auch durch die beim Nordportal gebaute neue Verbindungskurve, im Tessin «Bretella» (Hosenträger) genannt.

Silsersee, Maloja, Piz Salacina

St. Moritz – Bergell – Lugano

Der «Palm Express» fährt von den Gletschern zu den Palmen. Die Busfahrt führt vom Malojapass hinunter ins Bergell (Val Bregaglia) nach Chiavenna (Italien) und weiter entlang dem Comer- und Luganersee nach Lugano.

St. Moritz – Bergell – Lugano

Der «Palm Express» (Busverbindung)

Auf der vierstündigen Busfahrt geht es zuerst vorbei an den Oberengadiner Seen bis Maloja, dann in Kehren steil hinunter ins Bergell (Val Bregaglia). Eindrücklich, der Blick zu den Granitzacken der Bergeller Alpen. In diesem Bündner Südtal spricht man Italienisch, sozusagen als Vorbereitung für die Fahrt über italienisches Gebiet von Chiavenna nach Menaggio am Comersee und den Aufenthalt im Kanton Tessin. Westwärts quert der Palm Express schliesslich nach Lugano.

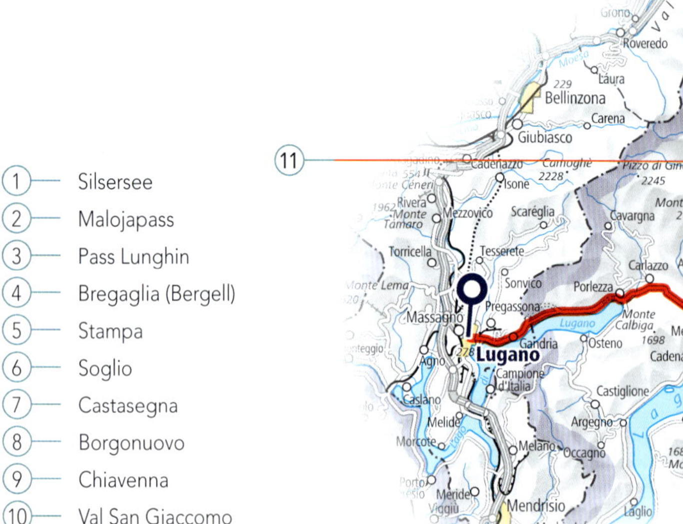

1. Silsersee
2. Malojapass
3. Pass Lunghin
4. Bregaglia (Bergell)
5. Stampa
6. Soglio
7. Castasegna
8. Borgonuovo
9. Chiavenna
10. Val San Giaccomo
11. Lago di Como

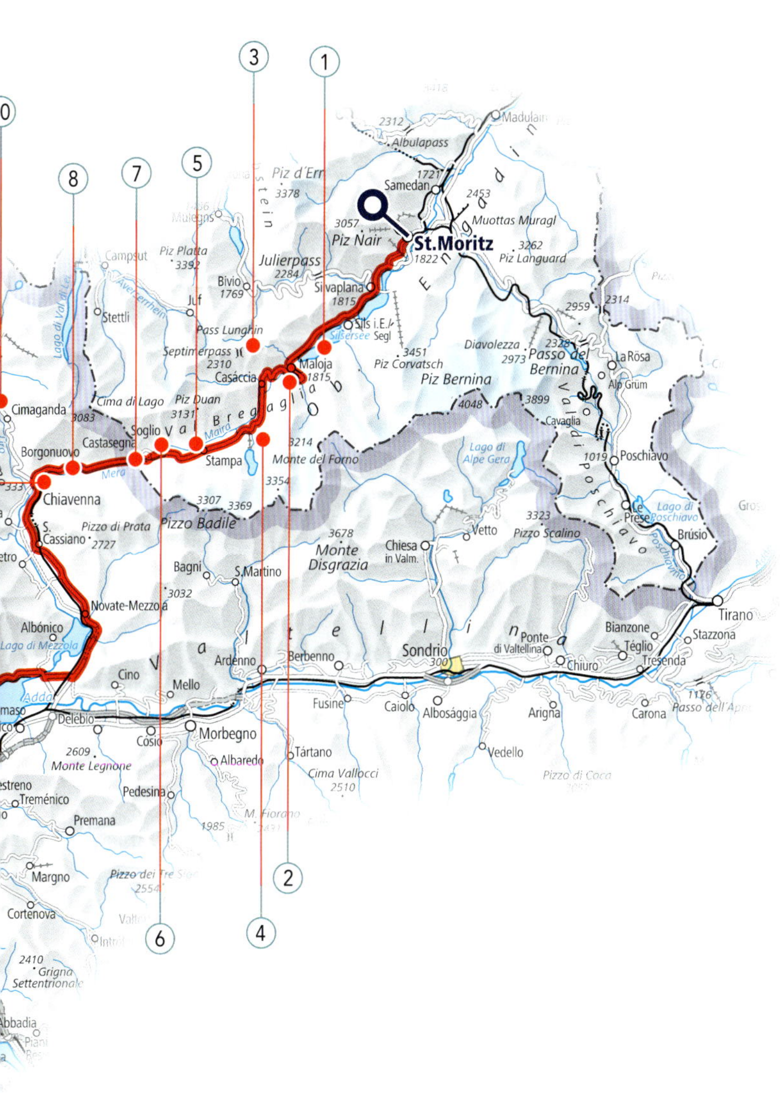
St. Moritz
Maloja
Val Bregaglia
Chiavenna
Samedan
Sils i.E.
Silvaplana
Julierpass
Piz Nair
Piz Bernina
Passo del Bernina
Poschiavo
Tirano
Sondrio
Morbegno
Monte Disgrazia
Pizzo Badile
Soglio
Stampa
Casáccia
Castasegna
Borgonuovo
Novate-Mezzola
Lago di Mezzola
Bivio
Septimerpass
Pass Lunghin
Muottas Muragl
Piz Languard
Piz Corvatsch
Diavolezza
Albulapass
Lago di Poschiavo
Monte del Forno
Pizzo Scalino
Chiesa in Valm.
Berbenno
Ardenno
Delebio
Bianzone
Téglio
Tresenda
Chiuro
Ponte di Valtellina
Alp Grüm
La Rösa
Cavaglia
Brúsio
Le Prese

Castelmur, Val Bregaglia

Reiseinformationen und Tipps

Die alternative, kürzere Verbindung vom Engadin ins Tessin, die im Gegensatz zum Bernina Express Bus (Veltlin) das ganze Jahr über besteht, ist eine reine Busfahrt, ein Angebot von PostAuto Schweiz. Das berühmte gelbe Postauto fährt von St. Moritz über den Malojapass und windet sich durch das eindrückliche Bergell bis nach Italien. Gletscher und Palmen in einer Reise. Ab dem oberen Ende des Lago di Como fährt der Palm Express dieselbe Strecke wie der «Bernina Express Bus» (siehe entsprechende Etappe weiter vorne).

Palm Express Bus – direkt vom Engadin nach Lugano

Die abwechslungsreiche Postautofahrt von St. Moritz nach Lugano wird in den Sommermonaten sowie Weihnachten/Neujahr täglich angeboten, in der übrigen Zeit nur an bestimmten Wochentagen (Fahrplan beachten). Der Palm Express fährt Mitte Morgen nach Lugano und Mitte Nachmittag zurück. Es handelt sich um eine bequeme Reise im Bus, ohne Umsteigen, sie dauert rund vier Stunden. In Chiavenna gibt es eine kleine Pause.
In St. Moritz wartet der Palm Express gleich vor dem Bahnhof (vorne, ohne Unterführung) und in Lugano fährt er ebenfalls zum Bahnhof (Seeseite, nördlich).

Angebot im Bus

Im Palm Express gibt es keine Verpflegungsmöglichkeiten. In Chiavenna besteht meist die Möglichkeit, am Bahnhof kurz was einzukaufen oder eine Toilette aufzusuchen.

Fahrscheine / Reservation

Auf dieser Strecke sind alle normalen Bahntickets gültig, die (kostenlose) Reservierung der Sitzplätze im Voraus ist obligatorisch auf www.postauto.ch/palm-express oder Telefon +41 (0)848 071 081. Es besteht ein beschränktes Platzangebot.

Individuelle Gestaltung der Reise

Im Oberengadin und im Bergell kann an mehreren Orten auf den Palm Express Richtung Lugano zusteigen, wer zuvor mit einem anderen Postauto-Kurs hierhin kam. Die Bus-Verbindungen im Bergell fahren alle bis/von Chiavenna in Italien. Am Comersee kann ebenfalls ein- und ausgestiegen werden.
Alternative Verbindungen von St. Moritz nach Lugano sind der Bernina Express mit dem Bernina Express Bus durch das Veltlin (siehe Seiten 98ff, Bernina Express Bus fährt allerdings im Winter nicht) sowie die Reise via Thusis und mit dem Postauto auf der San Bernardino Linie nach Bellinzona (Zug weiter nach Lugano).

Gut zu wissen

Für den Grenzübertritt nach Italien ist der Pass oder die ID notwendig. Auch ist es vorteilhaft, für den (kurzen) Aufenthalt in Chiavenna ein paar Euros bei sich zu haben.

www.postauto.ch/palm-express

Maloja, Silsersee, Blick ins Oberengadin

Silsersee

Belvedere, Maloja

Maloja, Piz Lunghin

Römerstrasse Maloja

Zum Malojapass

Die Verbindung von St. Moritz ins bündnerische Bergell (Val Bregaglia) ist nicht wie andere Alpenpässe. Die Nordseite bis Maloja präsentiert sich als ein flaches Hochtal mit den grossen Oberengadiner Seen (Silvaplaner- und Silsersee), und gegen Süden gehts dann nach dem Kulm Hotel Maloja von 1'815 m ü.M. in Serpentinen gleich 350 Meter hinunter nach Casaccia.

1 Schifffahrt auf dem Silsersee

Die höchstgelegene Kursschifflinie Europas. Vierzig Minuten dauert die «Kreuzfahrt» von Sils Maria nach Maloja. Vier Mal täglich hält das Schiff auf der gemütlichen Fahrt an der Halbinsel Chastè, in Plaun da Lej und beim kleinen, verschlafenen Weiler Isola. Am Südufer des Silsersees, dem südlichsten der Oberengadiner Seen, führt der idyllische Wanderweg zurück nach Sils.

2 Maloja – interessante Passlandschaft

Als das Engadin noch von Gletschereis überdeckt war, verursachten grosse Schmelzwassermengen und vom Gletschereis mitgeführter Sand und Steine glattgeschliffene Felsflächen und Schrammen. Je nach Gesteinshärte, Stärke und Dauer der Schleifwirkung am gleichen Ort bildeten sich auch verschieden grosse Vertiefungen, die Gletschertöpfe – am Malojapass gibt es über 30 solcher Gletschermühlen. Mittendrin liegt das heutige Wahrzeichen von Maloja, der öffentlich zugängliche historische Aussichtsturm Belvedere, der aber nur gut 100 Jahre alt ist.

Römerstrasse am Malojapass

Auf der Südseite des Passes finden sich Karrenspuren einer extrem steilen historischen Strasse. Die wohl im 1. Jahrhundert n. Chr. entstandenen Radrinnen mit gut erkennbaren Tritten weisen eine Spurweite von 107 cm auf, sind gut 10 cm tief und steigen bis zu 30 %. Seitlich befinden sich künstliche Löcher, die den Fuhrleuten dazu dienten, mit Stangen und Hebelwirkung die Tiere beim Überwinden der steilen Passagen mit Muskelkraft zu unterstützen.

3 Pass Lunghin – Wasser in drei Weltmeere

Im Gebiet des Piz Lunghin befindet sich eine dreifache europäische Wasserscheide. Das Regenwasser, das hier fällt, fliesst nach Osten über Inn und Donau ins Schwarze Meer, gegen Westen erreicht es im Rhein die Nordsee, die Maira führt durch das Bergell in den Comersee und über den Po ins Mittelmeer. Man befindet sich hier – was das Wasser anbelangt – im Herzen Europas.

Strassenkehren Malojapass

Blick ins Bergell

Bergeller Alpen, von Soglio aus

Castelmur

Soglio

La Fiamma

Val Bregaglia – das Bergell

21 Kilometer sind es auf der Strasse vom Malojapass bis an die Grenze bei Castasegna. Das Bergell ist eines der italienischsprachigen Südtäler des Kantons Graubünden und Zufluchtsort für Künstler: Alberto Giacometti wurde hier geboren, Giovanni Segantini und Varlin (Willy Guggenheim) offensichtlich vom besonderen Panorama inspiriert.

Der Zugang zu den Alpenpässen

Ursprünglich wurde das Tal von Süden her besiedelt, stellte aber früh schon eine wichtige Verbindung zwischen Süd und Nord dar. Im Jahr 1387 wurde über den Septimerpass eine gepflasterte Handelsstrasse gebaut. Die Bergeller begannen daraufhin ihre Alpweiden nördlich des Alpenkamms auszuweiten, in Richtung Bivio und Oberengadin.

4 Bergeller Alpen – ein Granit zum Träumen

«Badile Nordkante» oder die «Fiamma» – die Kletterer lieben diese «Kathedrale aus Granit». Das Tiefengestein, ein Granodiorit, entstand nicht wie andere «Alpengranite» vor 300 Mio. Jahren, sondern während der Alpenbildung vor 30 Mio. Jahren. Blutjung also! 2017 stürzten drei Millionen Kubikmeter Fels auf den Gletscher des Pizzo Cengalo – das Eis schmolz, und ein verheerender Murgang bis nach Bondo war die Folge.

5 Palazzo Castelmur bei der Ortschaft Stampa

Um 1800 im Bergell geboren, wuchs Giovanni von Castelmur in Marseille auf, wo seine Familie eine Konditorei betrieb. Später führte er selber eine erfolgreiche Konditorei in Nizza. Als wohlhabender Mann kehrte er später ins Tal zurück und liess das alte Patrizierhaus der Familie Redolfi ausbauen und mit einer prägnanten Fassade verzieren – der heutige Palazzo Castelmur bei Stampa. Die Ausstellung im Schloss verfolgt denn auch das Leben der Bergeller Auswanderer, die in ganz Europa als Zuckerbäcker Karriere machten.

6 Soglio – Sonnenterrasse im Bergell

Der Maler Giovanni Segantini schwärmte, Soglio sei «die Schwelle zum Paradies». Eine Aussage, die auch heute gilt: enge Gassen, alte Häuser unter Dächern aus schweren Steinplatten. Soglio ist die Heimat der Bündner Adelsfamilie von Salis, die jahrhundertelang die Geschicke der Region mitbestimmte (vergleiche auch Tirano). Der prachtvolle «Palazzo Salis» in Soglio ist ein historisches Hotel und Restaurant mit viel Bergeller Vergangenheit.

Edelkastanien von Castasegna

Acquafraggia Wasserfälle

Pianazzo, auf dem Weg zum Splügenpass

Chiavenna

Lago di Mezzola, Richtung Süden

... und Blick zurück

Chiavenna und zum Lago di Como

Die Passrouten von Maloja- und Septimerpass durch das Val Bregaglia und jene vom Splügenpass durch das Val San Giaccomo vereinen sich in Chiavenna. Von da aus ist es nicht mehr weit Richtung Süden bis zum Comersee.

7 Edelkastanie – die Frucht des Tales

Im Val Bregaglia lebten die Menschen bis Ende des 17. Jahrhunderts vom Brot der Bäume – den Kastanien. Bei Castasegna befindet sich der grösste Edelkastanienwald Europas. Die Nussfrüchte wurden als Grundnahrungsmittel verwendet, denn Getreide wuchs in der Höhe eher spärlich. In den «Cascine», den kleinen Räucherhütten, werden sie getrocknet und lassen sich dann zu Mehl verarbeiten.

8 Acquafraggia Wasserfälle und Bergsturz von Plurs

Beim Dorf Borgonuovo di Piuro erkennt man rechts den prächtigen doppelten Wasserfall, den Leonardo da Vinci bereits Ende des 15. Jahrhunderts in seinen Notizen erwähnte. Das Dorf Piuro, damals Plurs, erlangte 1618 erschütternde Bekanntheit, als von der Gegenseite ein grosser Bergsturz das ganze Dorf begrub. Ursache waren Starkniederschläge, aber wohl auch der unkontrollierte Abbau von Speckstein (Topfstein, Lavezstein) zur Herstellung von Kochtöpfen.

9 Chiavenna – Cittàslow mit Lebensqualität

Durch den untersten Teil des Bergells erreichen wir die Talschaft Valchiavenna mit der lebhaften Stadt. Zusammen mit dem Veltlin bildet sie die Provinz Sondrio. Chiavenna war immer schon Knotenpunkt der Kulturen, dank der strategischen Lage zwischen der Schweiz und Italien.

10 Val San Giaccomo und der Splügenpass

Gegen rechts zweigt die Strasse ab Richtung Splügenpass, weiter ins Hinterrheintal und nach Chur. Zu historischen Zeiten war die Via Spluga oft die wichtigste Verbindung zwischen Italien und Graubünden, auf der sowohl Menschen, Waren als auch Ideen transportiert wurden. Ein grosser Nachteil gegenüber dem Septimerpass war stets die Schlucht der Viamala bei Thusis.

11 Zum Lago di Como und nach Lugano

25 Kilometer nach Chiavenna, vorbei am Lago di Mezzola, erreicht der Palm Express den Lago di Como.
Strecke bis Lugano: Etappe «Bernina Express», Seiten 113ff

Grand Train Tour of Switzerland App.

Diese App ist der perfekte Reisebegleiter entlang der Grand Train Tour of Switzerland: nebst digitalen Stempeln und Auszeichnungen erhalten Sie auch spannende Informationen zu Sehenswürdigkeiten und Ermässigungen für unterwegs.

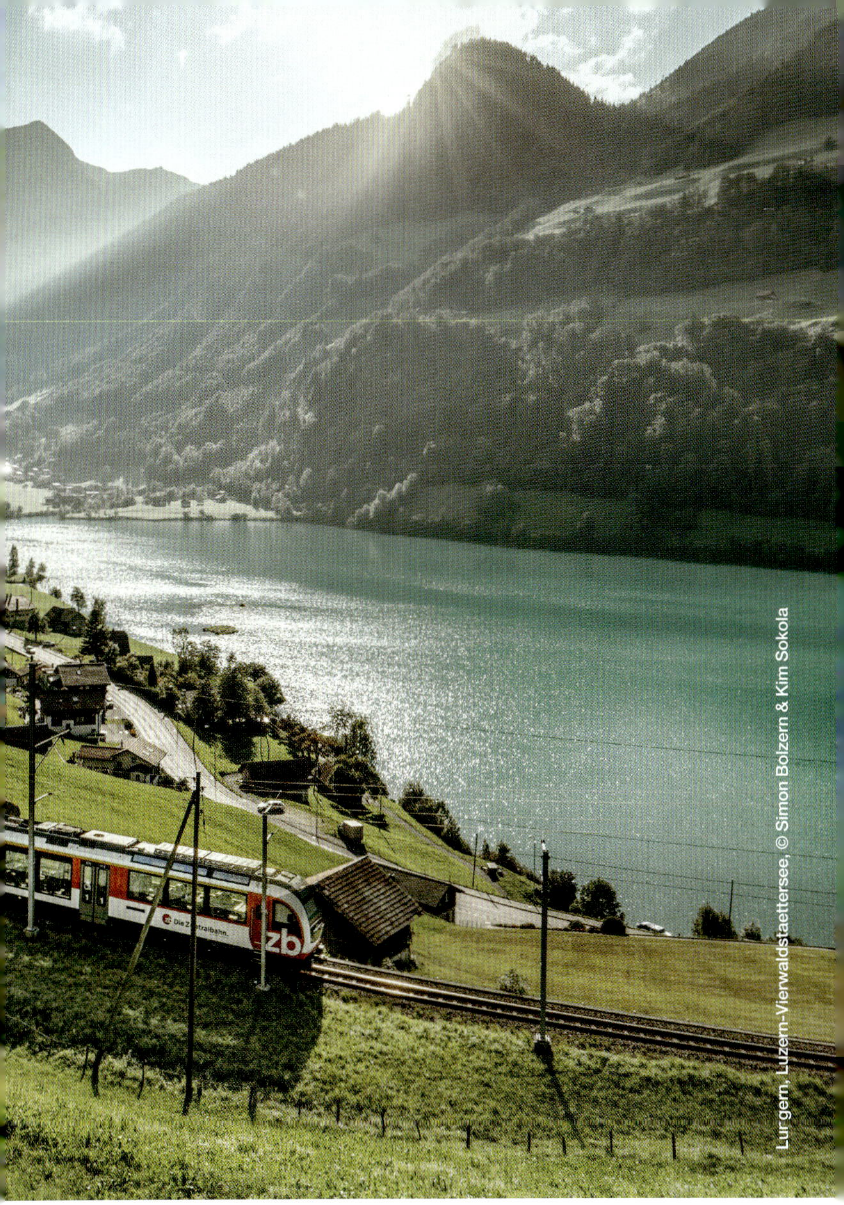

Lungern, Luzern-Vierwaldstaettersee, © Simon Bolzern & Kim Sokola

Mehr Informationen:
grandtraintour.com

Ortsregister

Ortsregister

myGrandTrainTour Booklet.

Ein attraktives Souvenir zum mit Nachhause nehmen
Mit dem Booklet können neun einzigartige Stempel an verschiedenen Destinationen entlang der Grand Train Tour of Switzerland gesammelt werden. Zudem besticht es mit einer Menge spannender Reiseinformationen. Das Booklet ist kostenlos an Bahnhöfen sowie an vielen Tourist Offices entlang der Route erhältlich.

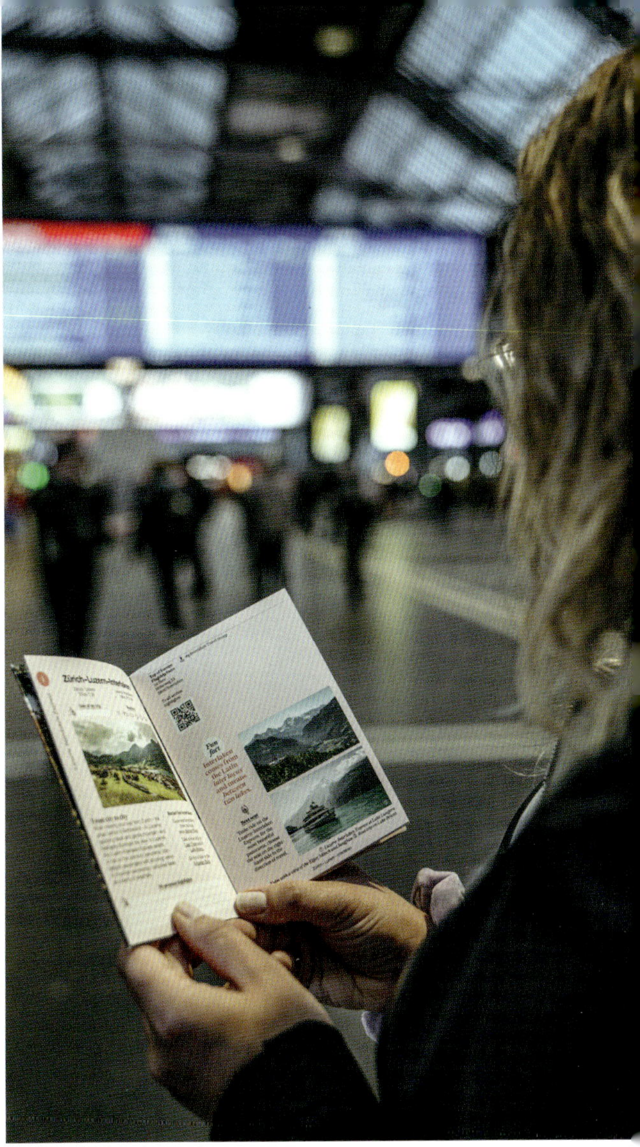

Mehr Informationen:
grandtraintour.com

Bildnachweis

Umschlag: Adobestock/michelangeloop; MOB und Glacier Express: Tobias Ryser; Karte: Swisstopo/SBB (STS-P-GTT-XS-19)
Inhalt: Ackerkulturlandschaft Goms 84; AdobeStock 188; Aletsch Arena Baj Francesco 82, Gertschen Pascal 82; Ammann Daniel 172, 174; Andermatt Tourismus 86; Appenzeller Bahnen 156; Aquaparc 50; Badrutt Andrea 96; Baldinger Boris 184; Basista Martina 156; Baumgartner Renata 2, 62, 114, 200; Baumgartner Roland 8, 18, 20, 22, 26, 28, 40, 46, 48, 58, 64, 66, 68, 80, 82, 86, 90, 94, 104, 106, 108, 118, 126, 128, 130, 132, 134, 136, 138, 140, 146, 148, 150, 152, 154, 170, 172, 182, 188, 196, 198, 200, 202, 204, 218; Bennett Martin 158; Bern Tourismus Birri David 26; Bischofszell Tourismus 156; BLS 24, 26, 190, 196; Bregaglia Turismo 214, 216, Bergamaschi Francesco 212; Brigerbad 80; Chaplin's World 48; Chur Tourismus 90; Crans-Montana tourisme Maire Olivier 64; Dampfbahn Furka-Bergstrecke 84; Fascination Alpes Fr. Perraudin 60; Fortyseven Baden 174; Freilichtmuseum Ballenberg 24; Giegel Philipp 168; Glacier 3000 58; Gonzen Bergwerk 186; Gornergrat Bahn 68; Grande Dixence 62; Gstaad Tourismus 42; Haslital Tourismus Birri David und Zimmermann Herbert 24; Jungfraubahnen 28, 30; Jungfraupark 26; Landschaftspark Binntal 82; Leukerbad Tourismus Pfammatter Christian 64; Luzern Tourismus 20; Maloja Tourismus 208, 214; Matterhorn Gotthard Bahn 66, 78, 84, 86, Schlumpf Stefan 74; Matterhorn Museum Ammon Emanuel 68; Meier Alan 156; MOB Urs Jossi 40; Montreux Riviera 46; Niesen Bahn 196; Obergoms Tourismus 84; Parc Gruyère Pays-d'Enhaut 32, 44; Pilatus-Bahnen 136; PostAuto Ritz Rolf 200; Pro Weinland 170; RhB 88, 92, 102, 104, Sonderegger Christof 108, 110, 112; Rigibahnen 138; Ryser Tobias 130, 186, 188; Saas Fee Bergbahnen 72; SBB 20, 128, 170, 206; Schilthorn Bahn 30; Schlatter Rene 166; Schwyz Tourismus 148; Segantini Museum 94; Shutterstock.com 24, 40, 66, 80, 88, 92, 108, 110, 112, 128, 132, 148, 150, 152, 164, 166, 180, 184, 188, 196, 198, 200, 202, 214, 216, 218; SOB Kessler Thomas 130, Lotter Florian 150, 152, Schenk Hanspeter 152; Sonderegger Christof 94; Spiez Marketing 38; Stanserhorn-Bahn Gilli Robin 138; St-Maurice Tourisme 58; Storrer Heinz 170; Swissminiatur 116; SZU 174; Technorama 174; Textillland Ostschweiz 154; Thurgau Tourismus Buschor Alex 166; Tibert.ch 90; Ticino Turismo 112, 114, 118; Törbel Tourismus 72; Vaud Promotion 50, 58; Vigezzina-Centovalli 202; Visp Tourismus 64; Walensee Schiff 186; Wengen Tourismus 30; Wüthrich Peter 156; Zajec Petra 170; ZB Zentralbahn 6, 12, 16, 22; Zermatt Tourismus Fux-Schaller Fabienne, Müller Kurt, Portmann Michael 70; Zuan Filip 94; Zug Tourismus Busslinger Andreas 18, Schweiz Tourismus Bilddatenbank: 60, 62, 120, 154, 186, 206; Ammon Emanuel 134; Bagattini Renato 202; Baj Francesco 200; Bösch Robert 214; Buehler-Rasom 48; Burgener Silvio 80; Busslinger Andreas 18; Chappuis Grégoire 50; Crivelli Luca 126; Daguati Claudia 106; Degonda Lucia 132; Ducrest Jonathan 162; Enander Oskar 138; Engler Stephan 60; Friedli Daniela 136; Fürer Nicola 168; Geerk Jan 28, 52, 94, 106, 130, 218; Gerth Andreas 20, 22; Gerth Roland 20, 30, 166, 184, 206; Gertschen Pascal 68; Grossmann Jean-Luc 174; Gyger Marcus 48, 60, 88, 98, 104, 106, 176, 186, 194, 198; Heinzer Hannes 90; Imhof Damian 154; Keller Roman 174; Kunfermann Mathias 88; Loosli Daniel 72; Lotter Florian 144; Martinek Daniel 96; Meier André 18, 50, 104, 134, 154, 164, 174, 182; Meixner Christian 56, 62, 90, 138; Mirwald Anton 196; Müller Beat 36, 40; Nutt Mattias 42, 88; Pasqua Giglio 70; Perret Christian 96, 164; Pfammatter Christian 80; Pizzicannella Alessio 204; Portmann Michael 70; Richard Lorenz 72, 204; Rupa Dolores 104; Ryser Tobias 38, 44; Schafer Nicole 134; Schärer Nico 86, 146; Schmid Max 38; Scholz Ivo 134, 136, 168, 172, 198; Snape Callum 28; Somogyi Stefan 166; Sonderegger Christof 18, 24, 42, 96, 206; Sternegg Bruno 168; Storto Walter 130; Sturzenegger Tina 62, 184; Wagner Fabrice 44; Zanecchia Milo 114, 116, 118; Zeiter Silvano 154; Zveiger Alexandre 116

UNESCO-Welterbe in der Schweiz

Das Bedeutendste, was Mensch und Natur uns hinterlassen haben

Die Grand Train Tour of Switzerland ist nicht nur eine Reise zu den bekanntesten Orten der Schweiz, sondern auch zu den Spuren unseres Erbes. Die 13 Welterbestätten in der Schweiz sind Zeugen der Erd- und Menschheitsgeschichte. Sie erzählen von der Gestaltung unserer Landschaft und unseren kulturellen Schätzen.

Machen auch Sie sich auf die Reise zu diesen Natur- und Kulturschätzen. Sie gehören nicht nur zum Wertvollsten, sondern auch zum Spannendsten und Schönsten, was die Schweiz zu bieten hat. Viele UNESCO-Welterbestätten liegen direkt entlang der Grand Train Tour of Switzerland – für andere wiederum lohnt sich ein kleiner Umweg.

Die spannendsten Museen, tollsten Sehenswürdigkeiten und besten Wanderungen im Welterbe finden Sie online: **www.unsererbe.ch**

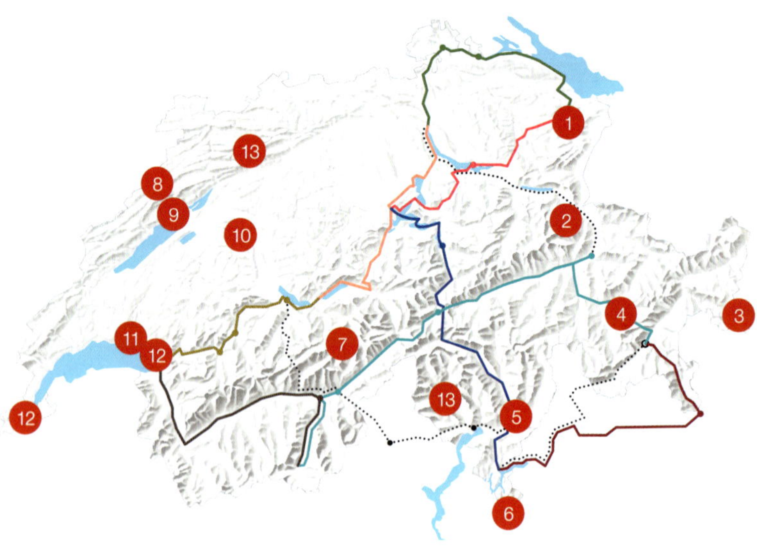

1 Stiftsbezirk St. Gallen

2 Schweizer Tektonikarena Sardona

3 Benediktinerinnen-Kloster St. Johann in Müstair

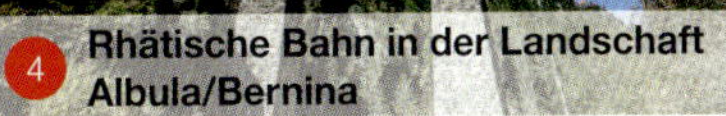
4 Rhätische Bahn in der Landschaft Albula/Bernina

5 Drei Burgen sowie Festungs- und Stadtmauern von Bellinzona

6 Monte San Giorgio

7 Schweizer Alpen Jungfrau-Aletsch

8 La Chaux-de-Fonds / Le Locle, Stadtlandschaft Uhrenindustrie

9 Prähistorische Pfahlbauten um die Alpen

10 Altstadt von Bern

11 Lavaux, Weinberg-Terrassen

12 Das architektonische Werk von Le Corbusier

13 Alte Buchenwälder Europas

Impressum

1. Ausgabe 2023

Herausgeber: Hallwag Kümmerly+Frey AG, CH-3322 Schönbühl-Bern
Autor: Roland Baumgartner

In Zusammenarbeit mit: Schweiz Tourismus und
Verein Grand Train Tour of Switzerland

Konzept: Roland Baumgartner, Jasmin Wyrsch, Danielle Zingg
Design: Funky Strawberry, Werbeagentur
Lektorat: Danielle Zingg, Rahel Eggimann
Gesamtproduktion: Hallwag Kümmerly+Frey AG
Printed in Italy

Der Herausgeber hat alle Angaben sorgfältig geprüft; trotzdem sind inhaltliche Fehler nicht auszuschliessen. Die Angaben erfolgen daher ohne jegliche Verpflichtung des Herausgebers, der keine Haftung für allfällige Unstimmigkeiten übernimmt. Für Verbesserungsvorschläge unter info@swisstravelcenter.ch sind wir dankbar.

www.swisstravelcenter.ch, www.MySwitzerland.com/grandtraintour

EU: MAIRDUMONT GmbH & Co. KG, Marco-Polo-Straße 1, D-73760 Ostfildern, info@mairdumont.com

ISBN-Nummer: 978-3-8283-0987-6